중국기담

中國奇談

국립중앙도서관 출판시도서목록(CIP)

중국기담 / 지은이: 이한. -- 파주 : 청아출판사, 2015
    p. ;   cm

ISBN 978-89-368-1066-5 03910 : ₩12000

기담[奇談]
중국 설화[中國說話]

388.112-KDC6
398.23251-DDC23   CIP2015004266

중국기담

초판 1쇄 인쇄 · 2015. 2. 23.
초판 1쇄 발행 · 2015. 2. 28.

지은이 · 이한
발행인 · 이상용
발행처 · 청아출판사
출판등록 · 1979. 11. 13. 제9-84호
주소 · 경기도 파주시 광인사길 111
대표전화 · 031-955-6031 팩시밀리 · 031-955-6036
E-mail · chungabook@naver.com

ISBN 978-89-368-1066-5   03910

* 값은 뒤표지에 있습니다.
* 잘못된 책은 구입한 서점에서 바꾸어 드립니다.
* 본 도서에 대한 문의사항은 홈페이지나 이메일을 통해 주십시오.

중국 역사에서 찾은
기묘한
사건사고들

이한 지음

중국기담
中國奇談

청아출판사

재미있는 이야기를 싫어하는 사람이 있을까?

역사를 공부한다는 것은 오래된 지식과 세상의 지혜를 알게 되는 동시에, 흥미진진하고 재미난 이야기들을 알아가는 즐거운 길이기도 하다. 이제까지 남아 있는 역사서나 문집, 편지들을 읽노라면 옛날 옛적 사람들이 싸우고 사랑하는 모습들이 파노라마처럼 펼쳐진다. 그중에는 착한 사람도 있고 나쁜 사람도 있고, 안타까운 일도 있으며 즐거운 일도 있으며, 읽다 보면 어느새 내가 그 시대에 가 있는 듯한 기분이 들 때도 있다.

그 무엇보다도 나를 즐겁게 하는 것은 이 모든 것이 나와 같으면서도 또 다른 사람의 이야기이기 때문일 것이다. 이 세상에는 숫자로 가늠할 수 없을 만큼 무수한 사람들이 있지만, 누구도 같은 인생을 살지 않는다. 저마다 자신만의 삶을 살고, 다른 누군가와 만나고 또 헤어지고, 그러다가 사랑도 하며 원수도 된다. 때론 넘어설 수 없는 시대의 벽을 만나 처절하게 저항하다가 산산이 부서지기도 하고, 보통 사람으로서는 도저히 이해할 수 없는 사이코패스도 있으며, 꾸며 낸 이야기라고 여겼는데 땅속에서 튀어나온 유물을 통해 정말 있었던 일이라고 밝혀진 것도 있다.

책을 읽을수록, 사료를 읽을수록 기이하고, 무섭고, 흥미진진한 이야기들이 하나둘 늘어나 기억창고에 차곡차곡 쌓이고, 때때로 이

걸 꺼낼 때가 찾아온다. 누군가가 역사를 물어올 때, 재미있는 이야 깃거리를 찾을 때, 기억창고에서 먼지 쌓인 이야기를 끄집어내 놓는 즐거움은 마치 시렁 위에 꽁꽁 숨겨 둔 곶감을 꺼내 나눠 먹는 기분이다. 그리고 이런 재미있는 이야기는 혼자 알고 있는 것보다 많은 이들과 나누었을 때 더 좋기 마련이다. 이 책은 그렇게 혼자 알기 아까운 이야기들을 모은 것이다.

　다만 책을 쓰면서 되도록 지키고자 한 원칙이 있으니, 《수신기》 나 《태평광기》와 같은 설화집에 수록된 것보다는 《사기》나 《명사》 같은 역사서에 나온 것들을 중점적으로 고르고, 내용의 출처를 모두 확인한다는 것이다. 때로 이런 검증이 이야기를 재미없게도 할 수도 있다. 하지만 모든 기이한 이야기가 허황되거나 상상에서 나온 것이 아니라 현실에 그 뿌리를 두고 있음을 찾아보고 싶어서였다. 이제까지 꾸며 낸 이야기로만 여겨지던 일들이 새로운 발견으로 재조명되는 일도 주목했다.

　흥미진진한 옛 이야기들은 그냥 지어낸 것이 아니라 아주 먼 옛날에 실제로 있던 일이었을 때 한층 더 생동감 있게 느껴진다고 믿는다. 그리고 이를 통해 또 다른 재미를 맛볼 수 있을 것이다.

　역사를 통해 교훈과 지혜를 얻는다는 말은 분명한 진리다. 그리고 또 하나의 장점이 있으니 바로 재미있다는 것이다. 이 책을 읽는 사람들이 이 책을 통해 즐거움을 얻기를 진심으로 바란다.

2015년 2월

이한

차례

1장

인물기담

中國奇談

돈 잔치로는
내가 제일

부자의 대명사 ^{서진} 석숭

살아서 아무리 돈이 많았어도
죽고 난 뒤의 석숭은
하잘것없는 고깃덩어리일 뿐이었다.

사치奢侈란 '자랑할 사' 자에 '분수에 넘을 치' 자를 쓴다. 즉 한자의
뜻풀이를 보면 사치의 핵심은 내 것을 남에게 과하게 자랑하고 싶
은 마음이 될 것이다. 어린 시절 갓 산 장난감을 놀이터에서 시연
했을 때의 짜릿함을 기억하는가? 또래 아이들의 눈동자가 선명한
부러움에 빛나고, 잠깐만 가지고 놀아도 되느냐는 애처로운 부탁
이 날아들면 어린 마음은 끝을 모를 깊은 자부심과 만족으로 차오
르곤 했다. 지나고 보면 많이도 유치하지만 나이 들어서도 자랑하
고 싶은 마음은 어디로 가지 않는다.

　소비는 본인의 자유이니 뭐라 할 수 없지만, 정도가 지나치면 그
게 문제다. 더구나 자신이 너무 좋아서 쓰는 게 아니라 남에게 자
랑하겠다는 이유만으로 지갑을 탈탈 털고 빚을 진다면 너무 비참

하지 않은가. 값비싼 명품 혹은 자동차를 사들여 다른 이들에게 감탄과 부러움, 혹은 경악을 불러내며 잠깐의 만족감을 얻을 수 있겠지만, 그러기 시작하면 끝이 없다. 사람들의 관심은 빠르게 식는 법이고, 다음 반응을 이끌어 내려면 더 세고 더 강한 것을 해야 하기 때문이다. 결국 자랑을 위한 소비를 하면 할수록 제 살 깎기가 될 뿐이다.

까마득한 먼 옛날, 전설 속의 현인인 요 임금부터 허름한 집과 거친 옷을 입으며 검소함을 미덕으로 삼았던 것은 그래서가 아니었을까. 또 많은 학자와 정치가들이 사치의 위험을 강조하며 많은 말을 남겼던 것도, 그만큼 수많은 사람들이 쉽게 저지르는 잘못이기 때문이리라. 물론 사치가 마냥 나쁜 것은 아니라서 진 시황릉이나 대운하, 자금성 같은 역사적인 유적을 만들어 내기도 했고, 아름다운 황금 장식, 보석 공예, 청화 도자기 같은 보물도 만들게 했다. 하지만 그로써 이 세상에 도움이 되지 않았냐고 한다면 그야말로 헛소리다. 살아 있는 사람을 고통스럽게 하고, 사회까지 병들게 한 폐해를 생각한다면 무슨 가치가 있겠는가.

돈을 마구 쓴 것에 그치지 않고 참으로 기발한 동시에 한심하게 사치에 자신의 모든 것을 걸었던 사람, 서진의 석숭이 이 이야기의 주인공이다.

석숭은 어린 시절부터 똑똑하고 총명했다. 덧붙여 상당한 미남이었고, 글씨도 무척 잘 썼으며, 학문도 잘하고, 시를 잘 지어서 유명세를 날렸다. 석숭의 아버지 석포石苞는 나라의 장군으로 활약했던 검소한 인물이었고, 석숭은 막내아들이었기에 부족함 없이 자랐다.

그런데 석포는 세상을 떠날 즈음해서 재산을 자식들에게 골고루 나눠 줬는데, 유독 석숭에게는 한 푼도 주지 않았다. 아내가 이상하게 여기고 이유를 묻자 석포는 이렇게 말했다.

"저 애는 비록 어리지만 나중에 다 자기가 알아서 벌 것이오."

그 말대로 석숭에게는 굉장한 재능이 있었으니, 바로 돈을 모으는 것이었다. 아버지가 예견한 대로 장성한 석숭은 큰 부자가 되었다.

20살 때 처음 관직 생활을 시작한 석숭은 남중랑장, 형주자사, 남만교위, 응양장군을 비롯해서 대사농에 이르기까지 굵직굵직한 벼슬을 골라 맡았고, 서진의 무제 사마염 역시 그를 공신의 아들이라며 우대했다. 그러니 석숭은 거칠 것이 없었다. 지나가던 상인을 잡아 약탈하고 백성을 '악' 소리 나게 쥐어짜 악착같이 모은 끝에 그냥 부자가 아니라 수천 년 뒤의 사람들이 두고두고 기억할 역사적인 떼부자가 되었다.

역사서는 석숭의 호화 생활을 이렇게 적고 있다. 수백 칸의 집을 짓고, 낙양 근교의 금싸라기 땅에는 금곡원_{金谷園}이라는 멋진 별장을 세우고, 800명의 하인을 부리며, 값비싼 비단 옷과 금과 옥의 장신구를 줄줄이 늘어놓고 떵떵거리고 살았다고.

여기까지는 그나마 평범한(?) 사치라고 할 수 있을 텐데, 석숭은 또 하나의 천재적인 재능을 가지고 있었다. 바로 남들이 미처 생각하지 못한 방향으로 기발하고도 쓸데없이 돈을 쓰는 것이다. 보통 사치를 한다면 값비싼 옷을 사거나 보석을 장만하는 정도겠지만, 돈이 넘쳐나다 보니 그것도 신물이 났던 걸까. 석숭은 초호화 화장실을 만들었다. 원래 인간의 기본적인 생리 활동 중 배설을 위한 공간이 화장실 아니던가. 석숭은 이곳을 궁궐처럼 화려하고 호사스럽게 꾸며 놓았다. 그뿐이랴, 화장실에는 10여 명이 상주하고 있었다. 그냥 일꾼이나 청소부가 아니라 비단옷을 입고 꽃처럼 곱게 치장한 여인들이었다. 명색이 화장실이긴 하니 갑전분_{甲煎粉}이라는 향내 좋은 화장품과 바닷속에 천 년을 있어야 비로소 만들어진다는 침향_{沈香}도 가득 마련해 놓았다.

이 화장실의 세세한 이용법(?)은 더욱 굉장하다. 먼저 화장실 입구에 놓인 옻칠을 한 고급스러운 작은 상자에는 말린 대추들이 담겨 있었다. 이는 콧구멍에 쑤셔 넣기 위한 것으로 냄새를 맡지 않게 하기 위해서였다. 왜 하필이면 먹는 걸로 코를 막으려 했는지 이유

는 알 수 없지만, 이 역시 돈이 썩어 넘칠 정도로 많다는 것을 과시하기 위한 것이 아닐까. 콧구멍에 대추를 박은 손님이 볼일을 마치면 곱게 꾸민 여인들이 새 옷을 내와 섬섬옥수로 갈아입혀 주고, 대야를 가져온다. 금으로 만든 대야에는 물이 담겨 있고, 유리로 만든 대야에는 콩가루가 들어 있었다. 콩가루를 덜어 물에다 푼 뒤 손을 깨끗하게 씻는 것이다. 콩에는 지방을 분해하는 사포닌이 함유되어 있으니, 비누의 용도로 쓰기에 적합하긴 했다. 그러나 당시는 후한 말기로, 황건적이 일어났다가 위촉오의 아귀다툼 끝에 서진이 간신히 나라 꼴을 갖춘 시기였다. 혼란기가 끝난 지 얼마 되지도 않았고 굶주려 죽어 가는 사람들이 도처에 즐비했는데, 먹을 것을 일회용으로 썼다는 점에서 석숭의 됨됨이를 알 수 있다.

석숭이 본격적으로 사치에 전념했던 때는 서기 282년 즈음으로, 서진이 세워진 지 17년이 되었을 때였다. 당시 서진에는 석숭만큼 부자인 사람이 하나 더 있었으니, 바로 왕개王愷였다. 그의 집안 역시 내로라하는 명문가였고, 본인도 후장군後將軍의 직위를 받았으며, 결정적으로 황제의 외삼촌이었다(그의 누나 왕원희는 사마소와 결혼해서 사마염을 낳았으며, 사마염이 서진을 세웠다). 권력은 자연스레 부를 불렀고, 여기에 적당량의 부정과 협잡질을 끼얹어 부자가 된 왕개는 사

치의 전쟁에 참여했다. 그리하여 마침내 석숭과 숙명의 대결을 벌이게 된다.

싸움이 어떻게 시작되었는지 분명하지는 않지만, 처음은 왕개였다. 그는 솥을 씻을 때 엿기름으로 닦게 했는데, 이 엿기름은 보리의 싹을 틔운 뒤 그걸 말린 것으로 아밀라아제녹말을 삭히는 효소가 풍부해서 식혜나 고추장, 혹은 맥주를 만들 때 쓴다. 그런데 이것을 세제 내지 수세미 대용으로 썼다는 것이다. 이는 석숭의 화장실에서 그랬던 것처럼 먹을 것을 일회용으로 쓰고 버릴 정도로 돈이 많다는 부의 과시였다.

그러자 왕개에게 질 수 없었던 석숭은 촛불로 밥을 짓기 시작했다. 이 책을 읽는 모든 사람이 알고 있겠지만, 초는 불을 밝히는 것이지 무언가를 끓이기 위한 것은 아니다. 군이 한다면 할 수도 있겠으나 그을음이 많이 나고 온도도 그리 높지 않아 효용성이 엄청나게 떨어진다. 과연 밥이 제대로 되기는 했을까? 바삭바삭 잘 마른 솔잎가지와 나무를 땔감으로 쓰는 것은 그게 값싼 이유도 있지만 무엇보다도 활활 잘 타서 뜨거운 열을 내기 때문이니, 촛불 100개가 있다 한들 설익은 밥만 지어지지 않을까. 그런데도 돈자랑을 하려고 생활의 불편함을 감수했으니, 세상에 이런 바보도 있었다.

아무래도 왕개는 촛불로 밥을 지을 만큼의 돈은 없었는지 1대0으

로 석숭이 앞서 나갔다. 그러나 아직 승부는 나지 않았다.

이번에 왕개는 자기 집 앞을 비단 병풍으로 도배했다. 병풍은 문 양옆으로 무려 40리에 걸쳐 있었으며, 그것도 보통 비단이 아닌 자사포紫絲布라는 비싼 보라색 비단을 사용했다. 예전에는 특별한 고둥에서 뽑아 낸 염료만이 보라색을 낼 수 있었으니 이로써 염색한 비단은 정말로 귀하고 비쌌다. 로마 제국에서 황제만 보라색 옷을 입었던 게 바로 이런 이유에서였거늘, 그런 비단을 이렇게 낭비한 것이다.

그러자 석숭은 곧장 화려한 반격에 나섰다. 왕개의 것보다도 더 귀한 비단을 자기 집 앞으로 50리까지 펼쳐서 더 비싼 병풍을 만든 것이다.

이로써 석숭이 또다시 이겼는데, 한 가지 궁금한 점이 남는다. 그렇다면 당시 낙양에는 석숭과 왕개, 두 사람 것 다 합쳐서 90리에 이르는 비단 벽들이 늘어섰을 텐데, 과연 그사이로 사람이 지나다닐 수 있기는 했을까? 서민들은 평생 보기도 힘든 귀한 비단이 줄줄이 펼쳐진 모습은 장관이었겠지만, 통행에 막대한 불편을 초래했을 듯도 하다. 또 그렇게 낭비된 비단이 그 후 어떻게 되었는지는 알 수 없다.

경쟁은 한 번 더 벌어졌다. 왕개가 적석지赤石脂, 약으로 사용했던 붉은 흙로 벽을 바르자, 석숭은 후추로 벽을 바른 일도 있었다.

자기 돈을 자기가 쓰는데 남이 무슨 상관이냐고 할 수도 있겠지만, 앞서 말했듯이 당시는 지독한 혼란기가 간신히 가라앉은 즈음이었다. 그래도 나름 사회 지도층이랄 만한 사람들이 사치로 경쟁을 하고 있으니 나라 꼴이 얼마나 굉장했을지 짐작이 간다.

상황이 이쯤 되면 누군가 나서서 말릴 법도 했건만, 그런 일은 없었다. 당시 황제였던 무제武帝 사마염은 오히려 이를 부추겼으며, 자기가 무척 좋아하던 외삼촌 왕개를 후원하여 2자60센티미터 정도 되는 나무 모양의 커다란 산호수를 선물했다. 지금이야 산호는 준보석에 해당하지만, 아직도 붉고 아름다운 색깔 덕분에 장신구로 널리 쓰이며, 당시에는 캐내기 어렵다 보니 정말로 진귀한 보배였다. 조카에게 이런 귀한 보물을 얻은 왕개는 사방팔방에 이를 자랑을 했다. 그러면서 이번에야말로 석숭의 코를 납작하게 해 줄 수 있겠다고 자신 있어 했다.

왕개가 산호수를 자랑하는 꼴을 한참 보고 난 석숭은 실수라기에는 너무나도 티가 나게 철 몽둥이를 꺼내들어 산호수를 깨부쉈다. 왕개는 경악했고, 그다음에는 길길이 날뛰며 화를 냈다. 그런데 사고를 친 석숭은 태연하게 자기가 다 갚겠다며 하인을 불러 명령했다.

"우리 집에 있는 산호수들을 다 가져오너라."

놀랍게도 석숭의 집에는 산호수들이 수십 개 있었는데, 3자90센티미

^터나 되는 것이 예닐곱 개나 있었으며, 왕개의 산호수만 한 크기도 굉장히 많았다. 그리고 그 모든 것이 왕개의 것보다 크고 아름다웠다. 석숭은 이것들을 왕개와 관리들 앞에서 보여 주고, 이 중에 하나를 가져가라며 선심을 가장한 업신여김을 날렸다.

이로써 석숭이 왕개보다 돈이 훨씬 많고 썩어 나는 것만은 분명했다. 아니, 나라의 황제보다도 더. 이후의 이야기가 전하지 않는 것을 보면 아마도 왕개가 석숭과 대결하는 것을 그만뒀던지, 조용히 혼자만의 사치스런 생활을 즐기게 되었던 것 같다.

명색이 황제가 내린 선물을 박살내고 공개적으로 모욕을 한 석숭이 무사한 것을 보면, 당시 서진이 그만큼 끔찍하고 추악한 시대였다는 반증인 것만 같다. 실제로 왕개의 조카이자 서진을 세운 무제 사마염은 처음에는 총명하고 될성부른 떡잎이었건만 나이가 들어서는 오히려 엄청나게 사치를 부렸다. 그의 물욕과 사치는 중국의 수많은 황제 중에서도 전설로 꼽히는데, 대표적인 것이 1만 후궁이었다. 고작 3천 명만 데리고 있던 의자왕이 꺼냈던 명함을 도로 집어넣어야 할 수준이다. 1만 후궁이라면, 산술적으로 계산해 하루에 한 명과 잔다고 해도 그녀들과 전부 하룻밤을 보내는 데 무려 27년이 넘게 걸린다. 그래서 고르는 것마저 귀찮아진 무제는 매일 밤 양이 끄는 수레를 타고 다니다 양들이 제풀에 걸음을

멈추는 방의 후궁과 잤다는 이야기가 남아 있을 정도였다. 그랬던 황제였으니 신하와 외삼촌의 사치에도 너그러울 수밖에 없었다. 초록은 동색이요, 함께 있으면 두려운 게 없는 법. 결국은 다 똑같은 놈들이었다는 것이다.

정말 끔찍한 사실은 그토록 사치를 펑펑 부려 댄 이들이 정작 사람에게는 매몰차기 그지없었다는 것이다. 앞서 화장실에서 남의 손이나 씻겨 주던 아름다운 여인들의 신세도 측은하지만, 그나마 그녀들의 신세는 나은 편이었다.

석숭의 집에서 연회가 벌어지면 당연히 진나라의 높은 사람들이 참여했고, 석숭은 그들에게도 과도하게 자부심을 부렸다. 석숭은 아름답게 꾸민 미녀들에게 고관의 시중을 들게 했는데, 이는 흥을 돋우고, 밥을 먹여 주고, 술을 따라 주는 등 다목적 서비스를 위한 것이었다. 그런데 만약 손님이 술을 마시지 않는다면 당장 그 미녀는 끌려 나와 목이 날아가고 대체 인원이 투입되었다. 끔찍한 일이다. 손님이 술을 마시지 않으면 여자는 죽는다. 게다가 그런 이유로 목을 벤다면, 다른 자잘한 실수, 이를테면 술을 쏟거나 한다면 그것으로 처벌받지 않았을 리가 없다. 화려함 아래에 온통 피와 살육이 흩뿌려진 잔인한 오락이었다.

그런데 손님들 역시 불편한 것은 매한가지였다. 석숭의 연회에

초대되어 앉으면 듣던 대로 온갖 호화로운 치장으로 가득한 방에 든도 보도 못한 귀한 음식과 값비싼 술이 차려진다. 여기까지는 좋다. 아름다운 미녀가 옆에 앉아 술 따르고 서비스를 해 주는 것도 좋다고 하자. 그런데 눈앞에 따라진 술을 다 마시지 않으면 사람이 죽는다. 아무리 하녀라 한들 자기 때문에 사람이 죽는 걸 보면 마음이 편할 리 있겠는가.

한번은 훗날 동진의 건국에 공을 세워 승상이 되는 왕도王導가 석숭의 연회에 참석했는데, 본디 그는 술을 잘하지 못했다. 그럼에도 자신의 담당이 된 미녀를 살리고자 억지로 술을 마시다 결국 심하게 취하고 말았다. 이로써 끝이라면 미담으로 남을 수 있었겠지만, 문제는 왕도의 사촌형인 왕돈王敦이었다.

같은 연회에 초대받은 왕돈은 자신의 앞에 따라진 술을 아예 마시지 않았다. 첫 번째 미녀가 끌려가서 목이 잘렸다. 그리고 두 번째 미녀가 투입되었지만 여전히 왕돈은 마시지 않았고, 그녀 역시 죽음으로 끌려갔다. 세 번째도 마찬가지였다. 사람이 셋이나 죽었으니 연회 분위기는 엉망이었을 것이다. 보다 못한 왕도가 제발 술 좀 마시라고 채근한 것도 당연한 노릇이다. 하지만 왕돈은 눈 하나 깜짝하지 않았다. 자기 하인을 죽이는데 무슨 상관이냐며 뻔뻔하게 응수한 것이다. 더구나 왕돈은 모두가 부담스러워하는 석숭의 화장실에서도 거리낌 없이 서비스를 받아 하녀들이 혀를 내두르게

했다. 콧구멍 막는 용도의 대추를 먹어 버린다거나, 손 씻는 용도의 콩가루를 손 씻는 물에 풀어 한 번에 마시는 소소한 잘못을 저질러 비웃음을 사기도 했다. 어쨌든 그만큼 강심장이니 훗날 동진의 대장군 자리에 오르고, 역모도 일으켜 스스로 제 명을 끊고 비참한 죽음을 맞이했으리라.

그렇지만 하늘이 무심하지 않다는 증거일까, 석숭의 말년은 그리 좋지 못했다. 당시 서진의 정세는 정신없이 돌아가고 있었다. 따라서 석숭도 사치 놀음을 하면서 요동치는 권세를 좇아 요리 붙었다 저리 붙었다 정신없이 줄타기를 했다. 그래도 무제가 살아 있을 즈음에는 그럭저럭 잘 나갔는데, 그다음 황제 때부터 조금씩 삐걱대기 시작했다.

석숭뿐만 아니라 서진이란 나라에 결정적으로 망조가 든 것은 무제의 아들, 백치 황제 혜제惠帝 때문이었다. 혜제는 "밥이 없으면 고기죽을 먹으면 되잖아?"라는 프랑스 왕비 같은 말을 천 년도 전에 이미 했던 어리석고 용렬한 인물이었다. 더구나 악덕과 권모술수에 변태성욕까지 갖춘 손꼽히는 악녀 가황후가 정권을 잡으면서 나라는 멸망으로 가는 길로 몸을 던지게 되었다. 그러다 조왕 사마륜이 군사를 일으켜 가황후를 제거하고 정권을 잡았는데, 석숭은

어쩌다 보니 그와 척을 졌다. 정확히는 사마륜을 뒤에서 조종하던 모사꾼 손수와 말이다.

그즈음 석숭에게는 아끼는 첩이 있었으니 이름은 녹주였다. 그녀는 요염하고 아름다우며, 피리를 잘 불어서 석숭의 총애를 듬뿍 받았고, 장안에도 소문이 자자했다. 그러자 손수가 석숭에게 녹주를 달라며 사람을 보냈다. 당시 손수는 사마륜을 뒤에서 조종하여 혜제를 폐위하고 정권을 손바닥 위에 올려놓아 기세등등하던 때였다.

손수의 사자가 당도했을 무렵, 석숭은 마침 금곡의 별장, 즉 금곡원에서 미인들을 거느리고 놀고 있었다. 그리고 손수의 부탁을 빙자한 명령을 듣자 곧장 아름답게 꾸민 수십 명의 여인들을 늘어놓고 말했다.

"이 중에서 골라 가거라."

"모두 아름다우나 원래 데려오라고 명령받은 것은 녹주입니다. 녹주가 누구인지 모르겠습니다."

사자가 녹주를 요구하자 석숭은 화를 벌컥 냈다.

"녹주는 내가 사랑하는 첩이니 줄 수 없다."

"당신께서는 옛것과 지금 것에 두루 해박하시고, 멀고 가까운 세상 물정도 잘 아니 잘 생각하십시오."

"안 돼."

석숭이 딱 잘라 대답했는데도 사자는 집요하게 녹주를 요구했

다. 그 끈질긴 요구에 오기가 발동한 석숭은 끝내 들어주지 않았다. 그러자 사자의 경고대로 손수는 석숭에게 보복을 하려 들었다. 마침내 손수가 부추긴 사마륜의 군대가 석숭의 금곡원을 포위했다. 그렇게 많은 돈으로도 사람을 살 순 없었던 모양인지 도와주는 이 하나 없이 궁지에 몰린 석숭은 곁의 녹주에게 말했다.

"너 때문에 지금 내가 죄를 얻었다. 我今爲爾得罪"

어쩌면 이렇게 비겁하고 치사할 수 있을까. 애초에 이는 권력자들끼리의 기 싸움이었고, 녹주는 이용당한 것뿐이다. 그럼에도 석숭은 애꿎은 녹주를 탓하며 자기가 저지른 잘못은 생각도 않고 있었다.

"나리 앞에서 죽겠습니다."

그렇게 불쌍한 녹주는 울면서 누각에서 뛰어내려 죽었다.

하지만 석숭은 스스로 목숨을 끊을 만큼의 배짱도 없는 사람이었다. 그리 오래지 않아 그는 수레에 짐짝처럼 실려 처형 장소로 끌려갔는데, 그때 하인들에게 말을 남겼다.

"너희들은 내 재산을 잘 이용하도록 해라."

무슨 선심을 쓰는 것처럼 이야기했지만, 최후까지 버티다 더 이상 도망갈 수도 없는 처형장으로 가는 수레 위에서 한 말이었다. 그래서인지 하인들은 그렇게 엄청난 재산을 가지게 되었으면서도 그다지 기뻐하지 않았다.

"재산이 재앙을 부를 걸 알면서 왜 진작 나눠 주지 않은 거요?"

이 말에 석숭은 꿀 먹은 벙어리가 되었다고 한다.

그렇게 돈이 많았던 석숭이 애초에 주변에 너그럽고 잘 대했으면 이 지경까지 되지 않지 않았을까. 그 많았다던 하인들이 목숨 걸고 석숭을 지키려 했다면 상황은 어땠을까.

어쨌든 전설적인 부자는 시장 바닥에서 목이 달아났다. 향년 52세로, 아주 젊은 나이는 아니었지만 험하고 끔찍한 죽음이었다. 게다가 본인뿐만 아니라 나이 든 어머니, 형들, 아내와 자식까지 모두 15명이 한꺼번에 몰살당했으니 참으로 비참한 일이었다.

그러나 불쌍하다는 생각은 그리 들지 않는다. 녹주를 비롯하여 사람들의 생명을 물건보다도 못하게, 함부로 쓰다 버린 것에 비하면 오히려 편한 죽음이 아니었겠는가. 살아서 아무리 돈이 많았어도 죽고 난 뒤의 석숭은 하잘것없는 고깃덩어리일 뿐이었다.

덧붙여 사마륜과 손수의 위세도 그리 길지 않았다. 정권을 잡고 스스로 황제가 된 지 고작 2개월 만에 사마륜은 반발한 다른 왕들의 군사에게 패해 일족이 몰살당했다. 그리고 이것이 8왕의 난으로 이어져 서진이 멸망했다. 북새통 와중에 그렇게 많았다던 그들의 재산도 흔적 없이 사라졌다. 말 그대로 빈손으로 왔다가 빈손으로 간 것이니. 세상일이 이렇다.

中國奇談

아버지와 아들과 손자, 서로를 죽이다

피에 굶주린 미치광이 왕 후조 석호와 살육 3대

빤히 보이는 절벽 끝으로 질주하는 레밍 떼처럼
멸망의 길을 광속으로 밟은 이들도 있었으니,
바로 후조의 석씨 부자들이었다.

난리와 부침이 많은 중국의 역사이지만, 그중에서도 5호 16국 시
대는 진정한 격변의 시대였다. 흉노를 비롯하여 선비, 갈, 저, 강이
라는 다섯 오랑캐들이 치고받고 치열하게 싸워 댔으니 말이다. 자
고 일어나면 나라가 망해서 새 나라가 들어서고, 까마득하게 먼 시
골에서 소 키우고 말 먹이던 촌 오랑캐가 군사를 일으켜 장군이 되
고 황제가 되던 때였다. 일어서는 것도 빠르고 저무는 것도 빠른,
하루 만에 지는 꽃들의 전쟁이었다.

　그런데 아름답고 고아한 향기를 뿜는 꽃이 아니라, 피비린내와
악취가 가득하고 사람을 잡아먹는 흉악한 꽃들이었다. 혜성처럼
나타나 놀라운 전략과 소박한 성품으로 나라를 세운 황제들은 그
다음 날로 사치와 여색에 빠져 기상천외한 짓을 벌이다가 나라를

27
아버지와
아들과 손자,
서로를 죽이다

말아먹곤 했다. 좋은 나라 좋은 임금이 못 될 거라면 악명이라도 떨쳐서 역사에 이름을 남기겠다고 작정이라도 한 것처럼 살인, 퇴폐와 배신이 널을 뛰었다.

왜 그랬을까? 사람이 문제가 아니라 시대가 잘못되었던 탓이었을까? 당장 내일이 보이지 않는 시대에 꿈도, 희망도 없었고, 사람들은 역사의 무대 위에서 춤을 추다 거꾸러졌다. 그중에서도 군계일학, 빤히 보이는 절벽 끝으로 질주하는 레밍 떼처럼 멸망의 길을 광속으로 밟은 이들도 있었으니, 바로 후조의 석씨 부자들이었다.

갈족이 세운 나라 후조의 3대 황제 석호는 본명은 호랑이虎요, 자는 용李龍이라는 어마어마한 이름을 가진 사람인데, 인간으로서의 양심도 어마어마하게 없었다. 그는 본디 후조의 창건자인 석륵의 조카였고, 일찍 아버지를 잃은 탓에 친척의 신세를 져야 했다. 하지만 될 성 안 부를 것 같은 잎사귀는 떡잎부터 싯누런 색이라더니, 석호는 병사들을 활로 쏴 죽이거나 부인을 두 번이나 죽여서 갈아치운 악당이었다. 석륵이 떡잎 누런 조카를 죽일까 고민했던 것도 어쩌면 당연한 일이다. 하지만 석호에게는 군사적으로 뛰어난 재능이 있었고, 이는 당시의 혼란기를 헤쳐 나가는 데 꽤 쓸모 있었다. 이런 이유로 석호를 살려 둔 것은 결과적으로 석륵 본인의 자

식과 세상에 커다란 해악을 끼쳤다.

석륵이 죽자마자 석호는 정권을 손에 넣었고, 자신의 사촌인 석
륵의 아들들을 죽이거나 거세시킨 뒤 왕 자리를 차지했다. 그 후
후조에는 지옥도가 펼쳐졌다. 사람이 저지를 수 있는 악행은 다양
한데, 특히 그 사람이 막강한 권력을 가진 황제쯤 되면 그 규모와
범위가 엄청나게 커진다. 석호는 인간 말종 황제 중에서도 단연 독
보적으로 잔인하고 사치스러웠다. 옻칠한 기와를 쓰고, 은으로 대
들보를 만들었으며, 나쁜 운수를 옮기겠다며 죄 없는 신하의 허리
를 잘라 죽이기도 했다. 되살아나는 진나라의 기운을 억누르겠다
며 한겨울에 한족들을 동원해 거대한 제사를 벌여 수만 명이 얼어
죽게 하고, 수백 명의 목을 자르기도 했다.

하지만 이 정도는 그가 벌인 크나큰 악행에 비하면 소소했다. 인
간이 저지를 수 있는 가장 잔인하고 끔찍한 죄는 살인이고, 살인
중에서도 피를 나눈 가족을 해치는 것은 더욱 끔찍한 일이다. 구약
성서에서 카인이 동생 아벨을 살해한 것처럼 부모와 자식, 형제와
남매가 서로를 죽이려 드는 골육상쟁의 역사적 표본이 석호와 그
아들들이었다.

석호가 정권을 잡은 뒤 세자가 된 것은 아들 석수石邃였다(태자가
아니라 세자인 이유는 석호 자신이 왕위를 대신 맡고 있다는 이유로 황제가 아닌

천왕(天王)의 자리에 있었기 때문이다). 세자는 다음의 임금이 될 사람이 니 가장 훌륭한 사람을 뽑는 게 당연할 텐데, 불행히도 석수는 아버지에게 맞먹을 정도로 제대로 된 인물이 아니었다. 한 나라의 태자로서 몸가짐을 바로하고 덕과 지혜를 갈고 닦기는커녕, 주색에 빠졌고, 거만한 것은 기본이요, 보통 사람이라면 근처 10킬로미터 이내로 다가가고 싶지 않을 독특한 미학을 가지고 있었다.

석수의 미학 첫 번째, 궁녀 중 아름다운 여인이 있으면 곱게 화장시키고 온갖 패물로 치장한 다음, 목을 자르고 피를 깨끗이 씻은 뒤 그 잘린 목을 쟁반에 담아 감상했다.

석수의 미학 두 번째, 어여쁜 비구니가 있으면 관계를 갖고 죽인 뒤, 비구니의 살을 하나하나 발라내 양고기나 소고기와 섞어 요리를 했다. 그런 다음에 먹었다. 자기 혼자만 먹은 것도 아니고 주변 사람들에게 골고루 나눠 준 뒤 먹고 맛을 품평하게 했다.

이렇게 소위 '맛이 간 인물'이었던 석수는 어느 날 갑자기 아버지를 없애고 자기가 왕이 되겠다고 분연히 일어섰다. 그런데 그 이유가 아래에서 치고 올라오는 동생들이 밉고 아버지에게 대들다가 종아리를 맞았다는 어처구니없는 것이었다. 앞에서 말했지만 이 시대에는 신하가 왕을 죽이고 아들이 아버지를 죽이는 하극상이 연례행사처럼 벌어졌으니 석수의 결심 자체는 별로 특별할 것이 없었다. 문제는 실행이었다. 본인이 제정신이 아닌데 찬탈 계획

이 제대로 있을 리 없었다.

처음에 왕위를 빼앗겠다며 기병 500명을 이끌고 나선 것조차 기적이었다. 하지만 부자가 나란히 미쳤어도 아버지 석호는 극한의 전쟁에서 몇 번이나 승리한 용장이었고, 석수는 솜털이 보송보송한 애송이였다. 그걸 너무나도 잘 알고 있던 병사들은 하나둘 자기 살 길을 찾아서 도망갔고, 결국 기세가 꺾인 석수는 술을 퍼마시고 잔뜩 취해 집에 돌아와 잠이 들었다.

이 정도면 그냥 술에 취해 심신미약으로 벌인 사고라고 우길 수 있을지도 모른다. 하지만 석수는 그다음에도 정신 못 차리고 아버지와 어머니가 보낸 사자를 칼로 찔러 죽였다. 요즘이라면 시급하게 정신과 치료를 받거나 수감되겠지만, 석호는 미친 아들을 둔 미친 아버지답게 아들을 용서했다. 아니, 하려고 했다.

그런데 석수는 자긴 잘못한 게 없다며 계속 목을 빳빳하게 세웠고, 마침내 화가 머리끝까지 난 석호는 그날로 아들의 목을 벴다. 그런데 그것으로는 화가 덜 풀렸는지 석수의 아내인 며느리와 그 외 남녀 26명을 몰살해 버리고 시체들은 관 하나에 처박았다. 어떻게 하나의 관에 시체 26구가 들어갔나 싶지만, 자세한 사정은 별로 알고 싶지 않다. 사람을 짐짝보다 못하게 다룬 무참한 광경일 테니까. 이렇게까지 했는데도 화가 안 풀린 석호는 석수의 신하들과 그를 지지하던 사람들을 모조리 색출해 200여 명을 죽였다. 하지만

이것은 피로 얼룩진 근친 살육의 시작에 불과했다.

석수가 죽은 뒤 세자가 된 것은 석호의 또 다른 아들 석선石宣이 었다. 하지만 석선은 다른 동생과 사이가 나빴고, 그중에서도 특히 석도石韜를 미워했다. 이유인즉슨 아버지 석호가 석도만 예뻐한다는 것이었다. 하지만 석선이야말로 총애를 받았으니 세자가 된 것일 텐데, 본인은 그걸로 만족하지 않은 듯하다. 그래서 석선은 동생을 아주 미워했다. 죽여 버리고 싶다는 말을 말로 그치지 않을 정도로 말이다. 더구나 석선과 친하지만 석도와 친하지 않은 환관 및 신하 몇몇이 끼어들어 이렇게 저렇게 부채질을 하자 일은 일사천리로 굴러갔다. 그런데 이들 형제가 본격적으로 싸움이 붙은 계기가 참 으로 한심하다.

어느 날 석도가 선광전宣光殿이라는 건물을 지었는데, 여기에 온갖 사치스러운 치장을 하는 한편, 대들보의 길이를 9장으로 했다. 그 런데 이게 문제였다. 옛날에는 신분 및 직책에 따라 지을 수 있는 건물 등급이 있었다. 우리나라에서 아무리 권세 있는 양반이라도 100칸 건물을 지을 수 없었기에 99칸을 지었던 것처럼, 아무리 왕 자라 한들 9장의 대들보를 가진 건물을 짓는 것은 예에 어긋났다. 하지만 석도는 아버지의 총애를 믿고 저질렀고, 동생이 한 일을 곱

게 보아 넘길 형이자 세자인 석선이 아니었다. 그래서 석선은 당장 달려가 건물을 지은 장인들을 죽이고 대들보를 철거해 버렸다. 이렇게 되자 석도는 자기 잘못을 뉘우치기는커녕 한술 더 떠 대들보의 길이를 10장으로 늘려 지었다. 결국 두 형제의 자존심 싸움에 온갖 사달이 벌어진 셈이었다.

석선은 사사건건 기어오르는 동생에게 화가 머리끝까지 났고, 아예 죽이고자 마음을 먹었다. 그러나 아버지가 사랑하는 동생을 죽인 뒤의 후환이 무섭지 않았던 건 아니었다. 그래서 그는 석도를 죽인 뒤 아버지까지 죽이고 자기가 왕위를 차지하겠다는, 죽은 형 석수보다는 낫지만 역시나 어설픈 계획까지 세웠다.

거사 날, 갑자기 하늘이 어두워지고 일진광풍이 불어 닥쳤다. 누렇고 검은 구름이 동남쪽에서 일어나 셋으로 갈라지더니 하늘을 뒤덮고 흑청색으로 물들였다. 또 해를 꿰뚫더니 해가 저문 이후로도 물고기 비늘같이 몽글몽글하게 이어지다가 한밤중이 되어서야 사라졌다. 과학 상식을 가진 요즘 사람이라면 기압이 불안정하여 비가 내릴 거라 생각했겠지만, 옛날 사람들은 아니었다. 그들에게는 하늘에 나타나는 현상 하나하나가 다 뜻이 있고 의미가 있었으며, 사람이 하는 일을 그대로 반영하여 보여 주는 세상의 거울이었다.

그리고 석도는 아주 얄팍하나마 천기를 읽을 수 있는 사람이었고, 나쁜 일이 벌어질 징조임을 직감했다. 그렇다고 황급히 형에게

달려가 사과하지는 않았다. 그러는 대신 그는 동명관東明館에 사람들을 잔뜩 초대하여 음악을 연주하고 온갖 술과 안주를 접대하며 잔치를 벌였다. 그러나 이 잔치는 흥겨운 것과는 거리가 멀었으니, 석도는 초연한 얼굴로 술잔을 들고 이렇게 말했다.

"인생사가 무상하니, 헤어지긴 쉬워도 만나긴 어려워라. 각자 잔을 들고 마음을 열고 나와 한 잔을 마시자."

그러면서 눈물을 펑펑 흘렸고, 잔치는 눈물바다가 되었다고 한다.

그 자리에 참석한 사람들은 진심으로 슬펐을지도 모르지만, 너무나도 어이가 없는 일이다. 양심이 있다면 자신의 허영심 때문에 애꿎게 죽임당한 장인들에게 사과하는 게 먼저 아닌가. 10장짜리 대들보를 새로 만든 장인들 역시 언제 목이 떨어질까 겁에 질렸을 게 뻔하다. 석도는 있는 대로 긁어 부스럼을 만들고 사방에 민폐를 끼친 것은 생각하지 않고, 갑자기 자기 연민에 빠져 슬퍼하고 있었다.

그리고 바로 그날 밤, 석선의 부하들은 작은 사다리를 놓고 침실에 숨어들어 석도를 죽였다. 칼로 단번에 목을 딴 것도 아니고, 각자 손에 든 흉기로 베고 찌르고를 거듭하여 석도를 끔찍한 고깃덩어리로 만든 뒤 살인 도구인 칼과 활을 그 자리에 버려두고 달아났다.

동생이 죽었다는 사실을 알고 석선은 아주 기뻐했다. 앓던 이가 드디어 빠진 것이다. 그래서 1천 명의 하인을 이끌고 위풍당당하게 장례식장에 간 그는 곡을 하거나 눈물을 보이는 대신 시체를 덮은 이불을 치우게 한 뒤 그 참혹한 몰골을 보며 박장대소를 했다.

꼬리가 길면 밟힌다는 데 꼬리를 숨길 생각조차 없이 드러내 놓고 다닌 격이니 당연히 의심을 샀다. 또한 범행을 은폐하려는 시도 역시 치밀하지 못했기에 동생을 살해한 진상이 속속 밝혀졌다. 그제야 불안해진 석선은 아비지의 부름에도 미적거리며 피하기만 했다. 그사이 붙잡힌 부하들은 혹독하게 심문을 당하고 죄상을 낱낱이 일러바쳤으며, 모든 일의 배후에 세자가 있다는 것을 알게 된 석호는 크게 분노했다.

너무 화가 나니 단칼에 죽이는 것도 아까웠던 모양이다. 석호는 아들을 붙잡아 서고에 가둔 뒤, 턱에 구멍을 뚫고 굵직한 쇠고리鐵環를 끼워 쇠사슬로 연결했다. 그 모습은 사람이 아니라 소였다. 그리고 구유를 놓고 그곳에 밥과 국을 섞은 걸 쏟아부은 뒤, 개나 돼지처럼 먹게 했다. 또한 동생 석도를 살해한 피투성이 무기를 가져다 놓고 그 핏자국을 혀로 핥게 했다.

명색이 얼마 전까지만 해도 나라를 이어받을 세자였거늘, 이제는 턱이 뚫린 채 쇠사슬에 묶여 네 발로 기어 다닌다. 고리가 끼워졌으니 말을 제대로 할 수 있을 리 없었고, 음식을 씹어 삼킬 수도 없었다. 제대로 볼일을 보거나 씻을 수도 없으니 몸에 걸친 비단옷은

이미 오물로 얼룩져 악취가 났다. 그런 모습으로 아들은 웅얼거리는 목소리로 아버지에게 살려 달라고 애걸했다. 석선의 처절한 목소리가 궁전에 메아리쳤다. 하지만 이게 끝이 아니었다.

그동안 석호는 넓은 뜰에 섶과 장작을 쌓아 커다란 언덕을 만들게 했다. 그리고 그 끝에 지렛대를 단 커다란 기둥을 세우고 줄을 매달았으니, 그게 바로 처형대였다.

마침내 그날이 되어 석선은 두 사람의 처형인에게 끌려나왔다. 이들은 죽은 석도와 친했던 환관 적치郝稚, 유패劉霸였으니, 죄인을 마지막까지 괴롭히며 처형하기에 최적의 인물들이었다. 동생을 살해하고 그 시체를 비웃은 일이나 그간 일으킨 행적들을 보면 석선은 결코 좋은 사람이 아니었다. 그렇다고 해도 천벌을 받았다고 비웃기에는 너무도 끔찍한 몰골이었다.

하지만 원한에 눈이 벌게진 환관들에게 동정심은 남아 있지 않았다. 그들은 석선의 턱에 연결된 쇠사슬을 잡아채 질질 끌어 사다리를 지나 섶 무더기까지 끌고 갔다. 이미 석선의 턱에 끼워진 쇠고리 주변의 살과 피부는 부풀어 오르고 고름투성이가 되었다. 비틀거리며 쇠사슬에 끌려가다 넘어지기라도 하면 그때마다 발길질이 날아들었다. 쇠고리 틈으로 배어 나오는 애원의 목소리는 퍼부어지는 욕설 속에 묻혀 버렸다. 이어서 환관들은 석선의 머리를 걷어차며 머리카락을 우악스럽게 뜯었고, 마침내 피투성이 민머리만

이 남자 혀를 잡아 뽑았다. 안타까운 것은 이때까지도 석선이 살아 있었다는 것이다.

이제 처형인들은 석선의 턱에 끼워진 사슬에 줄을 꿰어 기둥 위에 대롱대롱 매달아 놓은 뒤, 눈알을 뽑아내고, 배를 갈라 창자를 뽑았으며, 팔다리를 잘랐다. 모든 일이 끝난 뒤, 섶으로 만든 언덕의 사방에 불을 질러 섶은 물론이요, 기둥, 석선의 시체까지도 깡그리 태워 버렸다. 그리고도 남은 재는 길바닥에 버려 모든 사람들이 짓밟고 지나가게 했다.

석호는 후궁과 신하 수천 명을 이끌고 중대中臺에 올라 이 '도살'을 지켜봤다. 가장 높고 전망 좋은 곳에 황제의 자리가 마련되어 있었을 터이니, 아들을 도륙하는 손놀림 하나하나를 아주 잘 지켜볼 수 있었으리라.

후조는 고작 30년 만에 망해 버린 나라였기에 정식 역사서가 없으며, 《진서》의 일부에 셋방살이하듯이 기록이 남아 있다. 하지만 이 부분에 이르러서는 냉정하고 건조한 역사의 기록이 아니라 마치 스너프 필름이라도 보여 주듯이 생생하게 묘사하고 있다. 그래서 더욱 참혹하고 끔찍하다.

석선이 처형당한 뒤, 그의 가족, 즉 석호의 며느리와 손자들 역

시 몰살당할 운명이었다. 그런데 그중 석호가 무척이나 귀여워하던 손자가 있었다. 앞에서 잠깐 말했지만, 석호는 진나라 사람들의 기세를 억누른다며 제사를 지낸 적이 있었는데, 그때 손자를 품에 안고 있었다. 당시 기세가 하늘을 찌를 것 같았던 석호는 "하늘과 땅이 무너진다 한들 무슨 상관이냐? 나와 내 아들의 권세가 이렇게 당당하니 나는 손자를 데리고 놀아 주기만 하면 되겠구나!" 하고 말했다. 바로 그때 품에 안고 있었던 아이가 오늘 처형당하게 된 것이다.

손자는 아직 어렸으나 말도 잘 하고 돌아가는 상황도 제대로 파악하고 있었으며, 자신이 앞으로 어떻게 될지도 알았다. 설령 모르더라도 아버지가 팔다리가 잘리고 목이 매달리는데 그 상황이 두렵지 않을 리 있겠는가. 아이는 본능적으로 할아버지에게 달려가 옷자락을 붙들고 매달렸다. 평소에는 재롱을 부리고자 찾았던 곳이지만 그날은 달랐다. 그것만이 자신이 살 수 있는 유일한 길임을 알았던 탓이다. 신하들이 다가가 손자를 붙잡아 끌어내자, 아이는 울음을 터뜨리며 살려 달라고 애원했다.

"아기의 잘못이 아니어요!非兒罪"

아이는 울부짖으며 외쳤다. '나'라는 말보다 '아기'라는 말을 쓸 정도로 어린아이였지만, 그 아이의 말이 맞았다. 아버지가 제 삼촌을 미워해 살해했다 한들 어린아이가 그걸 알았을 리 없다. 도왔을

리는 더더군다나 없었다. 게다가 평소에 눈에 넣어도 아프지 않을 만큼 귀여워하던 손자였다. 그런데 자신의 명령 때문에 이제 눈앞에서 죽게 된 것이다.

비로소 제정신이 들었는지, 석호는 엉엉 우는 손자를 안아 들고 살려 주려고 했다. 하지만 신하들이 듣지 않았다. 이러니저러니 해도 석호는 왕이었고, 나라의 절대 권력자였다. 그가 하는 말이라면 말도 안 되는 일이라도 이루어졌고, 죄 없는 사람들이 수없이 죽어나갔다. 그럼에도 왜 그의 뜻이 통하지 않았을까?

석호는 공포와 잔인함으로 자신의 권위를 다져 왔고, 이미 사랑했던 두 아들들을 잔인하게 죽였다. 지금은 손자를 살리고자 하지만, 내일은 또 죽일지 모르는 일이다. 괜히 화근을 남겨 뒀다간 휘말려 들어 '내가' 죽임당할 수도 있으니 차라리 다 죽여서 화근을 없애는 편이 낫다. 신하들은 왕을 믿지 못했고, 역적의 자손을 남겨 둘 수 없다는 연좌제의 원칙을 들이댔다.

석호는 병사들이 달려와 품 안에서 울부짖는 손자를 끌어내 죽이는 광경을 지켜봐야 했다. 아이는 마지막의 마지막 순간까지 할아버지의 옷자락을 붙들고 크게 비명을 질렀다.

그렇게 어린아이가 비참하게 죽임당하는 모습을 보고 눈물을 흘리지 않는 사람이 없었다고 한다. 손자가 죽임당하는 광경을 보고 나서 석호는 병을 얻었다고도 한다.

이쯤이면 석호도 자기 잘못을 깨닫고 잔인한 처벌을 그만두었을까? 절대로 아니었다. 석호는 며느리인 석선의 아내와 그 자식들을 포함한 9명을 죽이는 것에 그치지 않고, 석선을 따르던 사람 300명과 환관 50명도 도륙했다. 더구나 그냥 죽인 것도 아니고 모두 수레에 팔다리를 묶어 넷으로 찢는 거열형을 했고, 그 시체들은 모두 강에 던지게 했다. 석선이 머물던 동궁은 다 허물어 버리고 돼지와 소를 키우는 외양간으로 만들었으며, 세자의 위사 10만 명을 머나먼 최전방인 양주로 보냈다.

후조는 그렇게 망해 가고 있었다. 이후로 양주에서는 당연하게도 반란이 일어났고, 마음의 병을 얻은 석호도 시름시름 앓다가 채 1년이 지나지 않아 세상을 떠났다.

이렇게 보니 그 인생도 참 기구하고 측은한 것 같으나 그는 너무나도 강철 같은 정신의 소유자였다. 석선 일파가 숙청되는 와중, 오빠 두 명이 석선에게 총애를 받았다는 이유로 처형당한 귀빈 유씨貴嬪柳氏가 예뻤다며 그녀의 자매들을 후궁으로 들였을 정도였다.

석호가 한 짓을 보면 사람이냐 싶지만, 민담책도 아닌 역사서 《진사》에서 하는 말이니 그냥 날조라고 하기에도 어렵다. 그리고 인간이 이럴 수도 있다는 사실에 지독한 회의를 느끼게 된다.

다행한 일은 석호가 죽은 지 2년 만에 후조는 망하고, 석씨 가문은 물론, 갈족 역시 씨가 말라 피에 굶주린 미치광이의 혈통이 조금이나마 덜 인간에게 전해졌으리라는 점이다.

中國奇談

원수의 뼈를
갈아 마신 효자

시체를 먹어 효도한 양나라 왕분

과연 왕분이 마음에 두고 있던 건 효도일까, 복수일까.
둘 다였을 수도 있고, 어쩌면 그냥 집착일 수도 있다.
그 답은 본인도 모르리라.

중국의 시대별 역사서, 25사 중에는 《북사北史》가 있다. 남북조 시대
중에서도 북쪽 나라들의 역사를 기록한 책들이다. 그 《북사》의 〈열
전〉, 그중 72권째를 보면 효행 목록이 있다. 글자 그대로 그 시대의
유명한 효자 24명을 뽑아 그들이 누구이며 어떤 효도를 했는지 조
목조목 적은 것이다. 왜 나라의 역사서에 효자들을 적었을까 궁금
할 법도 하다. 이는 유교에서 가장 중요하게 여긴 덕목이 효도였기
때문이다. 부모를 지극정성으로 봉양하는 사람은 임금과 나라를
잘 섬길 것이라 여겼기에 사회적으로 권장하는 것도 있다.

그러면 남북조 시대의 효자는 어떠했을까. 가장 먼저 떠오르는
효성스러운 행동이란, 역시 부모님을 정성을 다해 모시는 것이리라.
하지만 역사에 이름을 남길 정도라면 한겨울에 잉어를 잡아 온다거

나 딸기를 따 온다거나 하는 등 불가능을 현실로 만들어야 하지 않 겠는가. 그 옛날에 가두리 양식장이나 비닐하우스가 있지도 않았건 만 어디까지나 효성에 하늘도 감복했다는 말로 뭉뚱그려진다.

하지만《북사》를 읽어 보면 그네들의 효도는 시공간은 물론이요, 평범한 상식을 뛰어넘는다. 24명의 효도 케이스 중에서 극단적인 몇 가지만 발췌하자면 이렇다.

효자 1 어머니가 술을 마셔서 부부싸움이 벌어졌고, 아버지가 어 머니를 죽여 버렸다. 그러자 자식은 부모님 한 분을 잃었는데 남은 한쪽도 잃을 수 없다며 아버지를 용서해 달라고 글을 올려 효자가 되었다.

효자 2 12살 먹은 어린아이가 어머니와 사이가 나쁜 사람을 죽였 다. 그래서 효자가 되었다.

읽다 보면 절로 뒷목을 잡게 된다. 이렇게 훌륭한 범죄 행각들이 효행 목록에 실려 있다니. 요즘과는 상당히 다르고 엽기적인 효도 이다. 아주 먼 옛날이고 당시 문화가 지금과 다른 탓이라고 이해해 야겠다.

물론 모두 이렇게 어이없는 내용은 아니고, 조금은 상식에 부합

되는 효도도 있다. 부모님이 돌아가시자 소금과 곡기를 끊어서 몇 리터의 피를 토했다거나, 장례를 치르며 며칠 밤낮 곡소리가 끊이지 않게 했다는 효자들도 있다. 이래서야 효도가 문제가 아니라 살아남을 수 있을까 하는 생각이 들지만 말이다. 이 외에도 부모님이 돌아가신 뒤 20년 동안 방에 들어가지 않았다는, 효도가 아니라 구도의 길을 걷는 것 같은 사람도 당당히 효자의 타이틀을 거머쥐었다.

쉽사리 이해를 할 수 없는 독특한 효자들이지만, 다시 한 번 이것은 1,500년 전의 일임을 상기하자. 강산이 150번 바뀌기 전의 옛사람들이다. 이렇게 기기묘묘한 효자들이 모인 와중에도 상당히 독보적이고 독창적인 효도를 한 사람이 있으니, 바로 이 이야기의 주인공 왕분_{王頒}이다.

왕분는 남조 시대 양나라의 사람이었다. 그의 아버지 왕승변은 남조의 역사서인 《남사》에 그 이름을 올렸다. 하지만 왕분은 아버지와 자신의 고국 대신 북쪽 나라 역사서에 이름을 올렸다(또한 수나라의 역사서에도 올라가 있다). 여기엔 그럴 만한 꽤 장황한 사연이 있다.

옛날 옛적, 남조에 양이라는 나라가 있었다. 아주 평화롭거나 부유하진 않아도 그럭저럭 굴러가던 와중, 북쪽에서 홀연히 후경이

라는 악당이 군대를 이끌고 쳐들어왔다. 후경은 도성 건강建康을 점령해 쑥대밭으로 만들고, 황제를 굶겨 죽이는 극악무도한 일을 벌였다. 세상은 아비규환이 되었고, 나라는 당장 망하기 직전이었다. 하지만 양나라의 힘 있는 사람들은 자기 이익만 챙겨 주판알을 튕겨 대며 움직이지 않았다.

그렇다고 인물이 아예 없는 것은 아니어서 두 사람의 용사가 일어났으니, 하나는 태위 왕승변이고, 다른 하나는 장군 진패선이었다. 두 사람은 함께 악당 후경을 물리치기로 하고, 소를 잡아 피를 바르며 우리 약속 변치 말자고 맹세를 했다. 그러고는 정말로 후경을 죽이고 나라를 구했다. 이로써 양나라에 새로운 황제가 세워졌고, 이후로 '모두 행복하게 살았습니다'라고 끝이 나면 참 좋겠건만, 그렇지 않았다.

혼란은 계속되었다. 나라 안이 어수선하다 보면 외세까지 밀려드는 법. 북조가 쳐들어와서 새로운 수도까지 점령당했고, 새 황제 역시 또 살해당했다. 황족들은 저마다 황제를 하겠다고 나섰다. 이렇게 답 없는 혼란기가 계속되다 보니 진패선과 왕승변의 사이는 점차 벌어졌다. 정치적인 견해 차이가 가장 컸다. 그리고 마침내 진패선은 왕승변과 그의 큰아들을 살해하고 만다. 얼마 뒤 진패선은 양나라를 무너뜨리고 자기가 직접 황제가 되었으니, 이것이 남조의 마지막 왕조인 진陳나라의 시작이었다.

한때의 우정이 틀어지고 한 가족이 풍비박산 난 잔인한 일이지만, 당시는 이 정도쯤이야 아무렇지도 않게 벌어지던 끔찍한 시대였다. 한 번 세워진 나라가 수십 년도 못 가고 무너졌으니 사람 목숨은 더욱 파리 같았다. 왕승변도 어쩌면 그렇게 시대의 수레바퀴에 짓밟혀 버린, 흔하디흔한 죽음 중 하나였다. 그러나 흔하다고 해서 옳은 일이었던 것은 절대로 아니다.

그런데 왕승변에게는 세 아들이 있었다. 첫째는 아버지와 함께 진패선에게 살해당했고, 둘째 아들이 이 이야기의 주인공인 왕분이며, 셋째 아들이 왕규이다. 졸지에 고아이자 소년 가장이 된 왕분은 막냇동생을 데리고 북쪽으로 도망쳤다. 혈혈단신으로 적국에 간 그는 아직 어린 동생을 데리고 악착같이 살아야 했을 것이다. 더욱이 이 막냇동생은 요즘 말로 비행청소년이 되었고, 정신을 차리기까지 오랜 시간이 걸려서 형의 속을 무진하게 끓였다.

이렇게 박복한 생활에서 왕분을 지탱하게 해 준 것은 바로 복수였다. 아버지와 형님의 복수! 그리고 진패선은 양나라를 멸망시켰으니 조국의 원수이기도 했다. 북쪽으로 달아나면서도 왕분은 통곡했고, 음식도 거친 나물만 먹었다. 또한 일부러 푹신하고 편안한 잠자리를 피해 나뭇가지를 쌓아 둔 딱딱한 곳에서 잠을 잤다. 그런 고행을 통해 몸을 괴롭히면서 절대로 원한을 잊지 않고 현실에 안

주하지 않겠다는 각오를 다졌으리라. 천 년쯤 전에 복수를 위해 같은 일을 했던 오나라 왕 부차를 따라하겠다는 생각도 있었을 것이다. 여기에 운까지 따라줬는지 이 나라 저 나라 갈라서고 합쳐지는 혼란한 북조의 상황* 속에서 왕분은 잘 살아남았다. 북주 황제의 총애도 받았고, 오랑캐를 무찌르는 공도 세워 의동삼사[儀同三司]의 직위를 받기도 했으며, 마침내 수나라 시대까지 살아남았다.

* 당시는 남북조 시대 말기로, 남쪽과 북쪽으로 갈려 200년 동안 싸우던 혼란기가 마침내 정리되어 수나라로 통일되기 직전이었다. 남조에서 양나라가 망하고 진(陳)나라가 세워지는 동안, 북조는 동위와 서위로 갈라졌다. 그리고 동위는 북제(北齊)로, 서위는 북주(北周)로 이어졌고, 이 나라들이 전부 수(隋)나라로 합쳐지는 과정이 이어졌다.

북조를 통일한 수나라는 단번에 진나라를 끝장낼 엄청난 대군을 일으켰다. 그 숫자는 무려 51만 8천 명이나 되었다고 한다. 군사를 이끈 것은 수나라 문제의 둘째 아들 진왕[晉王] 양광[楊廣]. 바로 수나라의 2대 황제 양제가 되는 사람이다. 이 진나라 정벌에서 재미를 톡톡히 본 양광은 수십 년 후 백만 군대를 일으켜 동쪽의 어떤 나라를 정벌하는데, 그 결과에 대해서는 이 책을 읽는 독자 대부분이 알고 있을 테니 설명은 생략하도록 하겠다.

아무튼 진나라 정벌이 시작되자, 왕분은 적극적으로 나서서 진나라를 멸망시킬 계책을 올렸다. 하여 수 문제는 남조 출신인 그가 왜 그렇게 진나라 공격에 열심인지 신기하게 여겼고, 왕분은 자기

목적이 복수임을 당당히 밝혔다. 이게 마음에 쏙 들었는지, 문제는 그를 특별하게 배려하기도 했다. 이것이 왕분의 행보에 날개를 달아 준 것은 물론이다.

새삼스럽지만 그때는 이미 아버지가 죽은 지도, 왕분이 북조로 망명한 지도 30년이 지났을 즈음이었다. 왕분의 생년은 알려지지 않았기에 이즈음에 몇 살이었는지 알 수 없지만, 30년은 결코 짧은 시간이 아니니 그도 나이 들고 늙었으리라. 하지만 온 힘을 다해 진나라를 멸망시킬 계책을 짜냈고, 몸소 군사를 이끌고 공격에 가담했다.

왕분은 정말 열심히 싸웠다. 수백 명의 부하들을 이끌고 최전선에서 싸웠고, 한밤중에 강을 건너는 위험한 작전에서도 선봉에 섰다. 그러자 당연한 수순으로 심한 부상을 입게 되었다. 다친 왕분은 통곡을 했으니, 아파서가 아니라 앞으로 더 못 싸울까 봐 억울해서였다.

그런데 그날 밤, 왕분의 꿈속에 어떤 신비한 사람이 나타나서 약을 주었고, 그걸 먹고 나니 상태가 나아진 왕분은 다음 날 또 멀쩡하게 싸우러 나갔다. 그리하여 수나라 군대 내에서는 효자 났다는 칭찬이 자자했다고 한다.

이런 노력 덕분이었는지 589년 마침내 진나라는 멸망하고 남북조는 대충 한 나라로 뭉쳐졌다. 왕분은 진심으로 감개무량했을 것

이다. 아버지가 살해당한 지 34년, 마침내 원수의 나라를 멸망시킨 것이다. 하지만 원수 진패선은 이미 30년 전에 죽어 땅에 곱게 묻혀 있었다. 이렇게 복수의 대상을 잃었지만, 수십 년을 묵혀 온 복수심이 어디로 사라지는 것은 아니었다. 오히려 더욱 미쳐 날뛰었다.

이제 멸망한 고국 땅에 들어선 왕분은 아버지를 따르던 병사들을 불러 모았다. 세월이 많이 흐르고 여러 부침도 있었지만, 아직도 많이 살아남아 있어 무려 천여 명 가까이 모였다던가. 수십 년의 세월을 지나 만난 이들은 서로 눈물을 흘렸다. 이렇듯 오랜만에 다시 모였으니 술이 없을 리 없다. 저마다 거나하게 들이켜고, 죽은 사람과의 추억도 이야기하고, 진패선 욕도 하며 왕분은 눈물을 철철 흘렸다. 그런 와중 누군가가 훌륭한 아이디어를 냈다.

복수 당사자인 진패선은 죽어서 무덤에 묻혔다. 그의 나라를 망하게는 했는데 아직 분이 풀리지 않는다. 그러면 진패선의 무덤을 파헤쳐서 관을 깨부수고 뼈를 불태우자. 그러면 그것도 효도가 아니겠는가. 어처구니없는 말이었다. 그런데 그게 마음에 쏙 들었는지, 왕분은 이마가 깨져 피가 나도록 바닥에 찧으면서 좋은 아이디어라며 감사해 했다.

그렇다고 당장 삽을 들고 달려가 진패선의 무덤을 파내지는 않았다. 아무리 왕분의 효심이 하늘을 찢고 땅을 울릴 정도라도 혼자

서는 할 수 없는 일이었다. 망했다고는 하나 진패선은 엄연히 진나라의 시조이자 황제였다. 당연히 보통 무덤이 아니라 황제의 격에 맞는 웅장한 능묘에 묻혔으니, 그것이 오늘날 남경 북쪽에 있는 만안릉^{萬安陵}이었다. 보통 왕의 무덤이라 하면 경주 근처의 천마총이나 서울 선릉의 불룩한 언덕이 생각나겠지만, 중국의 황제릉은 규모가 달랐다. 1만 개가 넘는 진흙인형과 높이 60미터의 능, 지하 궁전까지 만들었던 진 시황의 능이 가장 유명하고, 당나라의 황제릉들도 산을 깎아 만들었을 만큼 무식하게 컸다. 만안릉의 규모 역시 상당했고, 왕분이 걱정하는 것도 바로 그 점이었다.

"진패선은 황제였기에 그 무덤이 정말 크고 웅장해서 만약 하룻밤 내에 그 시체까지 못 파내고 날이 밝으면 일이 탄로 나는데 어떻게 하지요?"

망설이는 왕분을 독려한 것은 아버지의 옛 부하들이었다. 할 수 있다, 해내자! 그리하여 천 명의 결사대는 창과 칼 대신 삽과 곡괭이를 들고 원수 진패선의 무덤을 향해 용맹하게 돌진했다.

아무리 진나라가 망하고 수나라의 세상이 되었다고는 하나, 진나라 황제, 아니 그 누구의 무덤이라도 도굴하는 것은 안 되는 일이다. 엄연한 범법이었다. 더군다나 말이 좋아 남북조의 통일이었지, 남조 사람들은 엄연히 북조에게 침략당하고 점령당했다고 여기던 상황이었다. 여기에 사적인 이유로 황제 무덤까지 파헤친다

면, 그렇잖아도 울분에 차 있는 남조 백성들의 반발심에 기름을 붓는 일이 될 수도 있었다. 허나 복수에 눈 뒤집힌 사람들에게 그런 거국적인 배려심이 있을 리 만무했다. 그리하여 만안릉, 이름만 풀어 본다면 만 번, 만 년을 안녕해야 할 곳 같았던 진패선의 무덤은 흙이 덮인 지 불과 30년도 지나지 않아 천 개의 삽으로 파헤쳐지는 신세가 되고 만다.

그리고 왕분의 지극정성 혹은 집념에 하늘까지 질렸는지, 병사들은 정말 하룻밤이 다 지나기 전에 그 커다란 황제의 무덤을 죄다 파서 진패선의 관을 끌어내는 데 성공했다. 두꺼운 관은 깨부숴지고, 마침내 황제였던 진패선의 시체가 끌어내졌다. 수십 년 전의 시체는 과연 어떤 모습을 하고 있었을까?

명색이 황제의 무덤이다. 비록 진태선은 '황제로서' 대단히 검소한 모범을 보였다고는 하지만, 지금도 만안릉이 있던 자리에 가 보면 2미터를 넘어서는 거대한 돌사자들이 즐비하게 놓여 있다. 짧았던 진나라의 역사에 비한다면 참으로 웅장한 규모라서, 그의 관도 그렇게까지 소박하지는 않았을 것이다. 더구나 보물을 가득 넣은 크고 웅장한 황제의 관을 몇 겹씩 꽁꽁 싸서 땅속에 묻으면 공기가 잘 안 통하니 부패도 잘 되지 않는다. 대표적인 예로 1972년, 장사 마왕퇴의 한나라 무덤에서 발견된 시신은 2천 년 전 것임에도 피부에 탄력이 남아 있었다.

하지만 진패선의 사체는 그렇게까지 잘 보존되지는 않아 살이 썩어 뼈가 곳곳에 드러나 있었다. 그래도 수염이 얼굴에 붙어 있었을 정도였다니 얼굴을 확인하는 데는 충분했다. 검안이 끝난 뒤로는 광란의 현장이었다. 왕분은 원수의 시체를 으깨고 부쉈다. 먼 옛날 오나라의 오자서는 원수 초평왕의 무덤을 파헤치고 시체를 채찍으로 300대 내리쳤다던가. 왕분도 비슷했지만 그보다 한 발짝 더 나아간 기괴한 일을 했다. 원수의 시체를 불에 태운 뒤 그 재를 모아 물에 타서 먹었던 것이다. 원수의 재를 마셔서라도 복수를 하려 했던 왕분의 강박이 느껴진다.

이렇게 수십 년에 걸친 복수는 끝났다. 왕분은 자기 집으로 돌아와 스스로를 오랏줄에 묶은 뒤, 지은 죄를 알리고 처벌을 내려 달라고 청했다.

이 모든 사건의 진상을 정리해서 황제에게 보고한 것은 왕분의 상관이자 진나라 정벌의 총사령관인 진왕 양광이었다. 소식을 들은 수나라 문제는 이렇게 답했다.

"짐은 의로움으로써 진을 평정했다. 왕분이 한 일은 효도와 의로움을 위한 것이었으니 어떻게 죄를 묻겠느냐?"

일은 그렇게 마무리 지어졌고, 왕분에게는 처벌 대신 오히려 전쟁에서 공을 세운 것을 이유로 높은 벼슬과 상을 내리려고 했다.

하지만 이를 거절한 것은 왕분이었다.

"제 본심은 어디까지나 저를 위한 것이었지, 나라를 위해서가 아니었습니다."

그래서 상도, 관직도 감당할 수 없다고 했고, 황제는 그의 의견을 존중했다.

이렇게 효자 왕분의 이야기는 끝난다. 그러나 참으로 이상한 이야기다. 복수를 위해 남의 무덤을 파헤치고, 시체를 태우다 못해 먹기까지 하고, 그게 또 효도로 포장되는 그 시대의 상식을 천 년이 지나도 이해할 수가 없다.

어쩌면 이 모든 게 의도적인 연출이 아닐까? 천 명의 사람을 모은 것은 물론이고, 도굴을 위한 천 개의 삽, 흙을 나르기 위한 도르래나 달구지, 어둠을 밝히기 위한 횃불이나 등잔 같은 각종 도구를 비롯해 천 명분의 식사 및 화장실 마련 등 모든 준비가 하루아침에 가능했을 리 없다. 미리 준비해 놓지 않는다면 말이다. 더군다나 패전국 황제 무덤의 도굴이라는 커다란 사건을 훗날의 야심가 진왕양광이 수습하는 것도 꽤나 미심쩍다. 그리고 사건을 저지른 왕분에게 처벌은커녕 전쟁에서의 활약을 빌미로 오히려 상을 내리는 것도. 어쩌면 이 모든 게 멸망한 진나라의 기세를 짓밟기 위해 계획되

었고, 효도라는 이름으로 중범죄를 잘 포장한 것인지도 모른다.

이 이야기를 보면 이상할 만치 쓸쓸해진다. 참으로 끔찍한 일이
벌어졌다. 아무리 원한이 있다 해도 시체를 모욕하고 갈아 마셔야
만 했을까? 복수란 그렇게까지 해야 하는 일이었던가? 함께 무덤
을 파헤친 천 명의 사람들은 아무도 그 행동이 과하다는 생각을 하
지 않았던 걸까?

찝찝한 뒷맛과는 별개로, 복수 이후 왕분의 삶은 빛을 잃은 것처
럼 어두웠다. 이제까지의 엄청난 기세는 어디로 갔는지 고만고만
한 벼슬을 하다 더 이상 역사의 페이지에 이름이 나타나지 않는다.

오래전 함께 달아났던 막냇동생은 비행청소년으로 지내다가 겨우
정신을 차렸으나 정치 줄을 잘못 잡는 바람에 반란을 일으켰고, 실
패하여 결국 죽임당해 잘린 목이 내걸리는 신세가 되었다. 이 일이
벌어졌을 때 왕분이 살아 있었는지 아니면 이미 죽었는지 알 수 없
지만, 살아 있었어도 그가 할 수 있는 일은 없었을 것이다.

과연 왕분이 마음에 두고 있었던 건 효도일까, 복수일까. 둘 다
였을 수도 있고, 어쩌면 그냥 집착일 수도 있다. 그 답은 본인도 모
르리라.

中國奇談

살쾡이와
태자를 바꾸다

송나라 인종과 두 사람의 어머니

이묘환태자 전설의 주인공은 송나라 4대 황제인 인종과
그의 어머니 장헌명숙황후 유씨 그리고 그를 낳아 준 어머니 신비 이씨,
바로 이 세 사람이다.

옛날, 한 황제를 모시던 두 후궁이 있었다. 한 사람은 이비李妃이고,
다른 한 사람은 유비劉妃였다. 두 사람은 본디 자매처럼 친했는데 거
의 비슷한 시기에 임신을 했다. 그러자 황제는 둘 중 먼저 아들을
낳는 사람을 황후로 삼겠다고 선언한다. 명색이 나라의 장래가 걸
린 일이니 선착순으로 결정할 사안은 아니라고 생각되지만, 옛날
이야기이니 넘어가도록 하자.

　먼저 태어난 것은 이비의 아들이었다. 유비 역시 아들을 낳았지
만, 황제가 한 약조가 있으니 황후의 자리는 이비에게 돌아갔다.
이로써 처음엔 동등했던 두 사람의 위치는 하늘과 땅처럼 벌어졌
다. 이를 받아들일 수 없었던 유비는 이비가 낳은 아이를 껍질을
벗긴 살쾡이 시체와 맞바꿔 버린다. 그리하여 이비는 흉한 괴물을

낳았다 하여 궁에서 쫓겨났고, 유비는 이도 모자라 이비 모자를 아예 죽이려 했다. 그러나 충성스럽고 현명한 태감 진림이 도운 덕분에 이비 모자는 간신히 목숨을 부지할 수 있었다.

세월이 흐르고, 유비가 낳은 아들은 일찍 죽고 만다. 후사가 없었던 황제는 친척인 다른 왕들의 자식 중 가장 자질이 뛰어난 아이를 양자로 들여 황태자로 세웠고, 이후 황태자가 보위를 이어받자 유비는 아무렇지도 않게 황태후가 되었다.

하지만 정의는 마침내 승리하는 법. 이 황제야말로 사실 이비가 낳은 진짜 황자였다. 한 충직한 신하가 황제에게 출생의 비밀을 알려 주었으며, 유씨가 저지른 끔찍한 죄가 백일하에 드러났다. 그리하여 유비는 처벌을 받았고, 궁궐 바깥에서 힘들게 살고 있던 이비는 생이별했던 친아들과 만나 황태후의 자리에 오르는 해피엔드로 끝이 난다.

이것이 소설 《칠협오의》나 민담에서 곧잘 등장하는 이묘환태자狸猫換太子, 곧 살쾡이와 태자를 바꿔치기했다는 전설이다. 아무리 민담이라고는 해도 말이 안 되는 점이 한두 개가 아니다. 명색이 송나라이고 황제의 자식이건만, 궁궐 안의 궁녀와 산파, 후궁들이 눈뜬 장님이 아닌 이상 어떻게 이비의 아들을 빼돌리고, 그것도 모자라 다른 왕부의 자식으로 집어넣을 수 있었겠는가. 당연히 황자에다

황태자까지 되려면 뒷조사는 다 거쳐야 하는 법인데 말이다. 이렇게 상식적인 의문이 줄줄이 이어지지만, 이 모든 이야기가 그냥 없던 걸 지어낸 것만은 아니었다. 때로 현실은 드라마보다 복잡하고 꼬일 때가 있다.

송나라 4대 황제인 인종仁宗의 어머니는 신비宸妃 이씨이다. 사실 '비'라고 하면 '희禧'나 '덕德' 같은 좋은 글자를 쓸 법도 한데 하필이면 집을 뜻하는 '신'을 썼다. 짓기 싫어서 대충 붙인 게 아닌가 할 정도로 성의 없어 보이는데, 여기에는 그럴 만한 사정이 있었다. 인종의 아버지였던 진종은 평생 세 황후를 두었는데, 그중 마지막이 장헌명숙황후章獻明肅皇后 유씨였고 다른 두 황후는 각각 장회황후章懷皇后 반씨와 장목황후章穆皇后 곽씨였다. 유씨는 다른 황후보다 칭호에 두 글자가 더 많았으니, 이는 막강한 권위와 명예의 상징이었다. 즉 유씨는 앞의 두 황후보다도 더욱 강하고 위대한 인물이라는 뜻이며, 정말로 그러했다.

이묘환태자 전설의 주인공은 송나라 4대 황제인 인종과 그의 어머니 장헌명숙황후 유씨 그리고 그를 낳아 준 어머니 신비 이씨, 바로 이 세 사람이다.

먼 옛날 송나라의 수도 개봉에 북을 기가 막히게 잘 치는 아름다운 소녀가 있었다. 성이 유씨였던 이 소녀는 노래도 잘하고 춤도 잘 췄다. 천하는 5대 10국이라는 오랜 전란이 막 끝나서 뒤숭숭하던 시기였지만, 아름다운 소녀가 한들한들 추는 춤과 노래는 사람들의 마음을 즐겁게 해 주었고, 널리 입소문도 탔다. 그런데 사실 소녀는 아주 귀한 집안 소생이라고 했다. 《송사》에서는 그녀의 할아버지가 진나라의 대장군을 지낸 유연경이요, 아버지 유통은 가주자사까지 지낸 사람이라고 했다. 그렇다면 어째서 그렇게 귀한 집 소생이었던 그녀가 시장 바닥에서 북을 치며 춤추는 신세가 되었을까?

때는 난세. 전쟁이 거듭되고 어제 세워진 나라가 오늘 망하며, 오늘 세워진 나라가 내일까지 무사할지 알 수 없는 혼란기였다. 그렇기에 내로라하는 명문가가 하루아침에 폭삭 망해서 가족들이 길거리에 나앉고 여자는 기생이 되는 일이 그리 드물지 않았다. 그리하여 소녀는 가족도 없고 세상에 기댈 곳 하나 없이 하루하루를 힘들게 살아가야 했다.

그런데 어느 날 갑자기 왕자님, 정확히는 황자님이 나타났다. 송나라 태종의 셋째 아들이던 수왕壽王 덕창德昌이 춤 솜씨 좋다고 소문이 자자한 소녀를 구경하겠다고 찾아온 것이다. 그렇게 만난 두 사

람은 운명처럼 불같은 사랑을 했다. 유씨와 황자는 낮이고 밤이고 떨어지지 않으며 애정과 온기를 나누었고, 이제야 만난 것을 아쉬워하며 죽는 순간까지 함께 하자고 약속했다.

하지만 한 나라의 황자가 어찌 근본도 분명치 않은 천한 여자를 가까이 한단 말인가. 황자를 가장 가까이에서 모시던 유모는 이 모든 사실을 황자의 아버지인 태종에게 직접 고했다. 태종은 노발대발하여 둘에게 갈라설 것을 명했다. 그렇게 견우와 직녀처럼 헤어지게 되었지만, 황자는 그래도 운명의 사랑을 포기하지 않았다. 그리하여 몰래 손을 써서 유씨는 황자의 하인의 집에서 머물게 되었다.

그리고 세월이 흘러 황자는 죽은 형을 대신해서 황태자가 되었고, 마침내 황제가 되어 진종으로 즉위했다. 진종은 이미 나라에서 맺어 준 황후가 있었고 비빈도 여럿 두었지만, 그의 마음은 오롯이 유씨에게로 향해 있었다. 이제 황제는 거리낌 없이 유씨를 황궁에 불러들여 정4품인 미인의 직첩을 내렸다.

그렇게 궁에 들어온 유 미인은 아주 상냥하고 친절한 사람이었다. 황후는 물론, 다른 비빈들과도 사이좋게 잘 지냈고 인기도 있었다. 무엇보다 그녀에게 가장 큰 힘이 되어 준 것은 변함없는 황제의 사랑이었다. 까마득한 옛날, 비천한 악사와 황자로 만나 이제는 후궁과 황제가 되었건만, 두 사람의 사랑은 놀라울 만큼 빛바래

지 않고 이어졌다.

　그러다 황후 곽씨가 일찍 세상을 떠났다. 유씨의 직첩은 미인에서 수의로, 수의에서 비로, 비에서 마침내 황후로 올라갔다. 신분이 천한 여자를 황후로 만들 수 없다는 신하들의 반대가 빗발쳤지만, 황제의 굳건한 뜻 앞에서는 소용없었다. 이로써 길거리에서 춤추고 노래를 부르던 여자아이는 유리 구두가 아닌 황후의 봉황관을 쓰고 빛나는 황제의 곁에 나란히 앉게 되었다. 그렇게 두 연인은 온갖 방해와 장벽을 뚫고 마침내 사랑의 결실을 맺었다.

　그런데 아이가 생기지 않았다. 진종에게는 비빈 숫자만큼이나 많은 아이들이 태어났지만, 다들 허약해서 일찍 죽었다. 그런데 유씨는 단 한 번도 아이를 가지지 못했다. 황제의 다른 비빈들은 아이들을 낳았으니 문제는 유씨에게 있었으리라. 요즘은 아이가 있건 없건 사랑만 있으면 되는 세상이지만, 옛날에는 그렇지 않았다. 아들을 낳아 대를 잇는 것이 여자의 가장 큰 임무였던 시대였다. 특히 나라를 다스리는 황제의 가문쯤 되면 그 부담은 더욱 크고 무거웠다. 더구나 혈혈단신이던 유씨가 유일하게 의지할 수 있는 게 황제의 총애였는데, 그 황제가 죽으면 어떻게 될까. 하늘에도 빌고 용하다는 약을 쓰면서 온갖 수단을 다 썼지만 그 무엇도 유씨를 '어머니'로 만들어 주진 못했다.

그때 시녀였던 이씨가 아들을 낳았다. 이씨, 나중의 신비이며 더 훗날에는 장의황후莊懿皇后로 추증되는 그녀는 항주 출신으로 좌번전직左班殿直을 지낸 이인덕李仁德의 딸이었다. 《송사》는 그녀가 침착하고 말이 없는 성격이었다고 전한다. 이씨는 유씨의 시녀로 궁에서 일했는데, 황제가 자주 유씨를 찾다 보니 이씨와도 낯이 익었다. 그러다가 황제를 모시게 된 이씨는 임신을 하여 건강한 사내아이를 낳았다. 그러자 유씨는 죽은 살쾡이를 강보 안에 던져 넣는 대신, 갓 태어난 아이를 빼앗아 자기 아이로 삼아 키웠다. 그리고 황자는 자신의 친어머니가 유씨라고 철석같이 믿으며 자라났다.

물론 신하와 궁인들은 진실을 알고 있었지만, 감히 입을 여는 사람은 없었다. 황제의 극진한 총애를 받는 유씨의 뜻을 거스르기 두려워서가 아니었을까. 게다가 진종까지 입을 다물었다. 아무래도 이씨보다 유씨를 더욱 사랑했기 때문일 것이다. 이런 공모와 묵인, 무시 덕분에 낳은 어미의 품에서 아이를 빼앗는 참으로 끔찍한 일이 벌어졌다. 그리고 이로써 유씨는 살쾡이 태자에 나오는 사악하고 잔인한 유비가 되고 만다.

그러다 진종이 죽고 어린 황태자가 인종으로 즉위했다. 하지만 아직 12세의 어린 나이였기에, 유씨가 황태후가 되어 정사를 돌보게 된다. 이것이 중국 역사상 최초로 태후가 섭정으로 나선 일이었

다. 더구나 수렴청정(발을 내려뜨리고 태후 혹은 대비가 그 뒤에 몸을 숨기고 정사를 듣는 것)이 아니라 황제의 왼쪽에 앉아 나랏일을 처리했으니, 사실상 나라의 통치자였다.

그러나 유씨는 인종 즉위 전부터 병으로 앓아누운 진종을 대신하여 나랏일을 처리해 왔으니, 이제까지 해 왔던 일을 계속했던 것뿐이다. 한번은 그녀를 폐위하고 황제를 자기 맘대로 쥐고 흔들려는 반란도 일어났지만, 유씨는 간단히 진압하고 통치를 굳건히 했다.

그렇게 수완 좋은 황태후 유씨의 통치 아래에서 송나라는 평온했다. 그러던 어느 날, 조용히 숨어 살던 이씨가 먼저 세상을 떠났다. 황후 유씨가 아이를 빼앗은 뒤, 이씨는 내내 그림자처럼 숨어 살았다. 유씨는 진종이 승하하자 이씨를 정릉(定陵)으로 보내 죽은 임금을 모시게 했는데, 여기에서 최대한 세상눈에 띄지 말라는 의도가 엿보이기도 한다. 그렇게 10년이 흘렀고, 중병에 걸려 죽기 직전인 이씨에게 신비의 칭호가 내려졌다. 그리고 이비가 세상을 떠나고 나서 1년 뒤, 황태후 유씨는 그 뒤를 따라가듯 세상을 하직한다. 향년 65세였다.

어머니가 세상을 떠난 뒤, 인종은 정사를 제대로 돌볼 수 없을 만큼 비통해했다. 부모를 잃은 자식은 어느 누구라도 슬프겠지만, 인종은 그중에서도 몹시 슬퍼했던 것 같다.

하지만 절대 권력자였던 유씨의 죽음과 더불어 모두가 알고 있었던 비밀이 드디어 황제에게 전해졌으니, 황제의 삼촌인 연왕 조원엄趙元儼이 진실을 알렸다. 사실 황제의 생모는 유씨가 아닌 이씨였고, 그녀는 평생 비참하게 살다가 숨을 거두었다고. 이 말을 들은 인종이 받은 충격이란 이루 말로 할 수 없는 것이었다. 이제까지의 어머니가 어머니가 아니었다니. 어머니가 자신을 속여 왔다니. 그리고 모든 사람들이 이 사실을 알면서도 숨기고 있었다니. 게다가 황제가 되어 친어머니가 외롭고 힘들게 세상을 떠나는 데도 알지 못했다.

이제까지 속아 살아왔다는 것에 화가 머리끝까지 치민 인종은 단박에 신비의 초라한 묘소로 달려갔다. 그리고 신하들에게 무덤을 열어 관의 뚜껑을 열라고 명했다. 그런데 놀라운 일이 황제를 기다리고 있었다. 관 안에는 마치 잠든 것 같은 이씨가 누워 있었다. 벌써 세상을 떠난 지 2년이나 되었건만 시신에는 털끝만큼도 손상이 없었으니, 관 안에 가득 채워진 값비싼 수은 덕분이었다. 더군다나 이씨가 입고 있는 것은 나라의 황후만이 입을 수 있는 가장 화려한 옷이었다. 분명 친어머니는 냉대받고 쓸쓸하게 죽었다고 했는데, 도대체 어떻게 된 일인가. 황제가 어리둥절해 있을 즈음, 타이밍 좋게 나타난 사람이 바로 승상 여이간이었다.

"황상, 황태후 유씨께서는 이씨를 괴롭히거나 냉대한 게 아닙니

다. 오히려 두 분은 둘도 없이 친한 사이였고, 그래서 아이를 맡겨 키울 만큼 서로를 믿었습니다. 하여 이씨가 세상을 떠났을 때 황태후께서는 그 예를 황후의 격식에 맞춰 했으며 황태후의 관을 내어 가는 것처럼 서화문을 나서게 했습니다."

그의 말을 들은 인종의 원망과 슬픔은 눈 녹듯이 풀어졌다. 친어머니가 마냥 슬프게 살았던 게 아니라는 데 기뻐했고, 잠깐이나마 원망했던 양어머니에게 미안한 마음과 고마움을 담아 눈물을 흘렸다. 그리하여 낳아 준 어머니와 키워 준 어머니 둘을 두게 된 인종은 이후로도 유씨의 남은 가족들을 잘 대접해 주었으며, 묻혀서 살던 친어머니 이씨의 친척들을 찾아내 융숭하게 대접했다.

그런데 이게 대체 어떻게 된 곡절일까. 사건은 1년 전, 이씨가 죽었던 그 시점으로 돌아간다. 처음 이씨가 죽었을 때, 황태후 유씨는 서둘러 이씨를 매장할 것을 명했다. 아들의 친어머니의 존재를 하루라도 빨리 지워 버리고 싶은 게 그녀의 본심이었고, 쥐도 새도 모르게, 큰 법석 벌이지 않고, 보통 궁인을 묻듯이 그냥 그렇게 보내려고 했다.

하지만 여기에 반대한 것이 바로 승상 여이간이었다. 그는 황태후와 황제의 면전에서 신비의 장례를 후하게 치러야 한다고 말했

다. 그러자 황태후 유씨는 자리를 박차고 일어나 황제의 손을 잡고 급히 바깥으로 나갔다. 영문을 몰라 눈을 깜빡이는 황제를 다독인 황태후는 나중에 승상을 따로 불러낸 뒤 목에서 피를 토할 듯이 화를 냈다.

"상공께서는 어째서 우리 모자 사이를 갈라놓으려 하오!相公欲離間吾母子耶"

하지만 여이간은 눈 하나 깜짝이지 않고 말했다.

"태후께서 유씨 집안의 장래를 걱정하지 않으신다면 신이 감히 말하지 않겠지만, 집안을 생각하신다면 후하게 장례를 치러야 합니다."

이 말에 황태후는 크게 깨닫고 마침내 고개를 끄덕였다. 비록 권력을 손에 쥐고 자식 때문에 눈이 뒤집혔다고 해도, 유씨는 여전히 상식을 알았고 자신이 어떻게 행동해야 하는지 남에게 조언을 구할 만큼 겸손했다.

유씨는 여이간의 말에 따라 신비를 황후의 예에 걸맞게 호사스럽게 장례를 치러 주었으니, 이로써 유씨도 무사할 수 있었고, 인종 역시 훗날 조선 시대의 어떤 임금처럼 날뛰지 않고 나라를 잘 다스릴 수 있게 된 것이다.

그런데《송사》〈후비열전〉에서 이 대목을 다룬 부분을 읽노라면

이상한 생각이 든다. 맨손으로 일어나 황후의 자리에까지 오른 희대의 여걸 유씨였건만, 아들과 이씨의 앞에서는 한없이 작아지고 걱정 많은 약한 모습이 된다. 물론 자신의 죄 앞에 당당할 수 있는 사람이 몇이나 될까 싶지만.

처음 아무것도 없는 신세로 궁궐에 들어와 수많은 후궁 사이에서 웃음을 잃지 않았고, 이후 남편과 어린 아들을 대신하여 나라를 다스리고, 반란을 진압하는 등 강철 같은 그녀였다. 하지만 남의 아이를 빼앗아 자신의 아들로 삼았던 것은 떨쳐 낼 수 없는 걱정이자, 양심의 가책으로 남은 듯하다. 더구나 언젠가 황제가 진실을 알게 되는 것이 가장 두렵지 않았을까.

"상공께서는 어째서 우리 모자 사이를 갈라놓으려 하오!"

유씨가 승상에게 외쳤던 말은 그래서 더욱 묘하게 느껴진다.

처음 아이를 빼앗아 온 것은 자신의 미래와 권력 때문이었으리라. 또한 시녀였던 이씨를 황제에게 접근시킨 것부터 유씨의 계획이었을 수도 있다. 하지만 아무리 권력이 중요해도 핏덩이 아이를 20년 동안 자식으로 기른 정은 결코 만만한 게 아니다.

실제로도 유씨는 자식 일이라면 치맛바람을 휘두르는 극성엄마이기도 했다. 나랏일에 눈코 뜰 새 없이 바쁜 와중에도 그녀는 교육은 물론, 심지어 먹는 것도 꼼꼼하게 챙겼다. 그리하여 인종은 훗날 사치스러운 음식을 보고 질겁할 만큼 바르게 자라났고, 북송

의 최대 전성기를 연 황제가 되었다. 그렇게까지 사랑을 담아 키웠
으니, 아이가 진실을 알고 자신을 원망하며 등을 돌릴지도 모른다
는 것이 가장 두렵지 않았을까.

다행히 유씨가 살아 있는 동안 그런 일은 벌어지지 않았다. 그리
고 그녀가 죽은 이후로도 황제는 두 어머니를 함께 모셨다. 그렇게
유씨는 자기가 낳지 않았지만, 사랑했던 남자의 사랑하는 아들을
위해 살다 세상을 떠났다.

한편 인종은 친어머니인 신비 이씨를 장의황후章懿皇后로 추존했고,
어렵게 살고 있던 외삼촌을 찾아내 벼슬을 내리고, 황녀와 결혼시
키는 등 후하게 대접했다. 하지만 이 모든 것은 이씨가 죽은 다음
의 일이었다. 과연 살아 있는 동안 이씨는 어떻게 생각했을까. 자신
이 낳은 아들이 황제가 되는 것을 지켜보면서도 어미라는 걸 말할
수 없는 신세를 원망했을까, 아니면 하나뿐인 자식이 잘 지내는 것
만으로도 만족했을까? 이미 죽은 그녀는 아무런 말도 남기지 않았
다. 두 어머니와 한 아들의 이야기는 이렇게 끝난다.

中國奇談

소녀의 피를 마신
미친 황제의 나라

불로불사를 꿈꾼 ^{명나라} 가정제

가정제의 나라에서는 황제 한 사람 때문에
셀 수도 없이 많은 사람들이 고통받았고,
마침내 죽어 시체가 쌓여 갔다.

1534년 10월 21일, 명나라의 황궁인 자금성, 단비端妃의 거처.

어두컴컴한 궁실 안에서 신음과 몸부림치는 소리가 낭자했다. 방 안의 상황은 몹시도 기괴했다. 열 명 남짓의 궁녀들이 갓 서른 즈음의 남자를 덮쳐 노란색 끈으로 목을 조르고 있었다. 누군가는 팔을 붙들고, 또 누군가는 다리를 눌렀다. 그래도 궁녀들은 아직 어린 소녀들이었고, 남자는 어엿한 성인이었다. 어찌 잘만 하면 뿌리치고 일어날 수도 있었을 텐데, 남자는 그저 힘없이 깔려 버둥거릴 뿐이었다. 궁녀들은 남자를 짓누르면서도 남자의 목에 감긴 끈을 혼신의 힘을 다해 잡아당겼다.

하지만 남자는 쉽사리 죽지 않았다. 경황이 없었던 나머지, 궁녀들이 끈을 제대로 매듭짓지 않았던 탓이다. 남자의 비명소리, 궁녀

들의 몸부림. 그 광경을 겁에 질려 오들오들 떨며 지켜보고 있던 궁녀 하나가 벌떡 일어나더니 갑자기 바깥으로 달려 나갔다. 하지만 남자의 목을 조르고 있던 궁녀들은 눈길 한 번 주지 않고 몸싸움을 계속했다.

마침내 얼굴이 시뻘게진 남자의 목에서 거품이 끓어오르고 움직임도 차츰 잦아들 무렵, 갑자기 문이 벌컥 열리며 한 여성이 뛰어 들어 왔다.

"이게 뭐하는 짓이냐!"

그녀는 바로 황후 방씨였다. 그러자 이제까지 온 힘을 다해 끈을 잡아당기고 있던 소녀들은 깜짝 놀라 비명을 질렀다. 황제의 팔을 누르던 궁녀 하나가 황후에게 달려들어 몸싸움을 하는 사이, 또 다른 궁녀가 등불을 껐다. 갑작스레 찾아든 어둠을 틈타 소녀들은 사방팔방으로 달아났다. 하지만 황후는 따라온 내감들에게 죄인들을 붙잡으라는 추상같은 명령을 내린 뒤, 쓰러진 남자를 보듬어 살펴보았다. 서둘러 목을 쥔 끈을 풀고, 팔다리를 주물러 피를 돌게 했다.

이곳저곳에서 곡소리가 터져 나왔다.

"황제폐하, 정신 차리십시오!"

황급히 어의가 달려왔고, 이곳저곳에 불이 환히 켜졌다. 그런 정성이 하늘에 닿았는지, 황제는 비록 의식이 없었지만 희미하게나

마 숨을 쉬고 있었다. 황후를 비롯한 사람들은 비로소 안도의 한숨을 내쉬었다.

이것이 훗날 임인궁변王寅宮變이라고 불릴 사건이다. 이 이야기의 주인공은 명나라의 12대 황제 가정제. 명나라라는 제국의 황제가 누구도 아닌 어린 궁녀들에게 살해당할 뻔한 것이다.

무협소설을 많이 읽은 탓일까, 황제의 암살이라면 무협지에서처럼 경공술을 써서 하늘을 날고, 칼 하나 휘두르면 바람이 일어나서 사람들이 우수수 날아가게 하는 엄청난 자객이 나타나서 벌일 것만 같다. 그게 아니면 아주 은밀한 독을 음식에 넣어 한 입만 먹어도 황제가 눈, 코, 입에서 피를 뿜어내며 거꾸러져야 할 것도 같다. 하지만 현실은 그보다도 더 소박했다. 범인들은 소녀. 쓰인 도구는 고작 노란색 끈이었고, 암살 기도는 성공하지 못했다.

살인이나 폭력은 어떤 목표도 정당화시키지 못하는 수단임이 틀림없다. 하지만 이 임인궁변이라는 사건 그리고 명나라의 11대 황제인 가정제라는 사람을 알면 알수록 이런 생각이 든다. 어째서 소녀들은 황제를 시해하려 했을까? 왜 그날의 일이 실패했을까?

가정제의 이름은 주후총朱厚熜. 흥원왕 주우원의 둘째 아들로 태어났으니 원래는 황제가 될 운명이 아니었다. 하지만 가정제의 선대 황제, 즉 명나라의 11대 황제 정덕제에게는 후사가 없었다. 무진하게도 나라 이곳저곳을 싸돌아다니며 방탕하게 놀았던 탓일지도 모른다. 그렇게 정덕제가 서른이라는 젊은 나이에 죽자 누군가가 황제위를 이어야 했고, 황족 중에서 그나마 가장 항렬이 높다는 이유로 주후총이 황제가 되었다. 당시 그는 열다섯의 나이였다.

처음부터 싹수가 노랬다면야 아예 황제가 될 수도 없었으리라. 그리고 출발은 괜찮았다. 즉위하자마자 선대 황제의 간신들을 쫓아내고 제대로 정치를 해 보려고 했으니까. 비록 자기 아버지인 흥원왕을 황제로 추증하겠다고 고집을 부렸고, 여기에 반대하는 신하들을 귀양 보내거나 곤장으로 때려 죽이기는 했지만 말이다.

그런데 크나큰 문제는 그가 타고난 허약한 몸이었다. 주후총은 일찍 아버지를 잃었으며, 형제 역시 하나둘 일찍 죽고 그 혼자 남았다. 본인도 튼튼하지 않아서 한 번 아프면 닷새, 일주일은 내리 앓았다. 몸이 자주 아프니 신경질이 나고, 황제라서 할 일도 많으니 짜증이 나고, 그러니 잘해 보려는 의욕은 눈 녹듯이 사라졌다.

이쯤 되면 자식이 생기지 않는 것도 이상하지 않다. 가정제가 즉위하고 10년이 되도록 자식이 태어나지 않았고, 당연히 온 나라가

난리였다. 애초에 가정제가 황제가 된 것은 지난 황제에게 후계자가 없어서인데, 새 황제조차 아이가 없으니 정말로 큰일이 아닌가. 그리하여 가정제는 황후를 비롯해서 9명의 빈을 더 들였다. 이렇게 많은 여자들이 주변에 있으면 그중에 아이가 하나라도 생길 것이라는 참으로 안이한 생각이었다. 이 방법은 그럭저럭 성공해서 후사가 태어나고 대도 이어졌으나 이제부터 끔찍한 이야기가 시작된다.

가정제는 평생 네 명의 황후를 두었다. 첫 번째 효결황후孝潔皇后 진씨陳氏는 일찍 세상을 떠났는데, 그 사연이 참으로 참혹하다. 어느 날, 황제와 황후가 함께 앉아 있었는데, 후궁 장씨와 방씨가 와서 차를 올렸다. 그런데 황제가 그녀들의 손이 너무 어여쁘다며 어루만졌고, 이에 속이 상한 황후는 잔을 던지며 자리에서 일어나 나갔다. 황제는 벽력같이 화를 내며 황후를 발로 걷어차기까지 했다고 한다. 그런데 불행하게도 황후는 임신 중이었다. 이 일로 진 황후는 뱃속의 아기를 잃었고, 병을 얻어 세상을 떠났다. 그런데 가정제는 아내의 죽음을 슬퍼하기는커녕 장례까지 대강 치렀다.

그다음 황후는 진 황후가 죽은 원인을 제공했던 두 사람의 후궁 중 장씨였다. 그런데 무슨 일이 있었는지 모르겠으나 장씨는 몇 년 만에 냉궁으로 쫓겨나 그곳에서 죽었다. 어떤 역사서에서는 그녀

가 죽을죄를 진 사람을 구해 달라고 부탁을 했다가 황제의 진노를 샀다고도 하고, 혹은 황제가 만든 이상한 단약을 먹기 거부한 탓이라고도 한다. 더구나 황제가 직접 채찍을 들고 황후를 때렸다는 이야기도 전한다.

세 번째로 황후가 된 건 이 이야기의 첫머리에 등장한 효열황후^孝烈皇后 방씨로, 궁녀들에게서 가정제를 구해 낸 장본인이다. 하지만 방 황후의 마지막도 그리 좋지 못했다. 가정제 26년인 1547년 11월, 황후의 처소인 곤녕궁에서 큰불이 났고, 방 황후는 불에 타 죽었다. 다른 누구도 아닌 황후가 죽을 정도였다면 대체 얼마나 크고 난데없는 화재였을까. 그런데 여기에는 이런 뒷말도 돌았다. 곤녕궁에서 불이 났을 때 사람들이 황후를 구하는 것을 막고 불타 죽게 내버려둔 것이 바로 가정제라는 것이다. 이유인즉슨, 황후가 자신이 총애하던 후궁을 죽여 원한이 있었기 때문이라는 것이다. 만약 이것이 사실이라면 세상에 이렇게 무자비한 사람이 또 있을까. 은혜를 갚기는커녕 오히려 원한으로 갚았으니 말이다. 물에 빠진 것을 건져 줬더니 머리채를 잡고 물속에 집어던진 셈이다.

이제까지 이야기한 것은 그나마 황후들의 경우이다. 하지만 황후들도 황제에게 이렇게 잔인한 폭력을 당하고 사는데, 다른 신하나 궁녀들의 처우는 어떠했을까. 분명히 더 처참하고 끔찍했지, 더

낮지는 않았을 터. 그랬기에 궁녀들이 합심하여 황제를 죽이려 든 것이리라.

임인궁변은 명나라 역사상, 아니 중국 및 인류 역사상 보기 드문 엄청난 사건이었지만, 그에 비해 기록된 것은 무척 간략하다. 《명사》는 이 사건을 두고 단 한 줄, 이런 일이 있었다는 말만을 적고 있다. 〈세종효열방황후열전〉에서는 사건의 전말에 대해 조금은 더 자세하게 적고 있으나, 그래도 대강의 맥락만을 적고 있을 뿐이다. 그리고 궁녀들이 황제를 죽이고자 했던 이유를 쏙 빼놓고 이야기하지 않았다. 이 모든 일의 배후에 누군가 있었다 해도 16명의 궁녀들이 일사분란하게 황제의 몸을 짓누르고 목을 죄었다는 사실은 보통 일이 아니다. 이에 대해 《명사》에서는 굉장히 애매모호하게 서술하고 있다.

궁인들이 황제에게 원한을 가진 지 오래되었다.

대체 어떤 이유로 아랫사람들의 원한을 샀을까? 그리고 그걸 왜 기록하지 않았을까? 차마 입에 담기 어려울 정도로 추잡한 것이었을까?

여기에 실마리를 주는 것은 놀랍게도 《조선왕조실록》이다. 당시

조선은 중종의 시대. 중국으로 파견되었던 조선 사신은 명나라에 갔다가 길거리에 걸린 궁녀들의 잘린 목을 보고 깜짝 놀랐고, 조선으로 돌아와 임금에게 자초지종을 보고했다. 그렇게 이 사건을 전해 들은 조선 왕 중종과 신하들이 세상에 어떻게 이런 일이 있을 수 있냐고 주고받은 대화가 〈중종실록〉에 남아 있다.

> 궁녀가 어찌 스스로 이런 모사를 꾸밀 수 있었겠는가. 필시 황제가
> 일에 정도를 잃음이 많았기 때문에 원한이 깊이 쌓여 안팎이 상응
> 하여 그런 짓을 했을 것이다.

임인궁변의 소식을 듣고 중종이 직접 한 말이다.

가정제의 형편없는 정치는 조선에까지 꽤 유명해서, 이전부터 조선 사신들은 가정제의 각종 한심한 일들을 보고하곤 했다. 중국에 사신으로 다녀온 동지사가 보고한 황궁의 사정은 이러했다. 황제가 나랏일은 내팽개치고, 그런 주제에 성질은 포악하여 궁녀들이 사소한 잘못을 해도 심하게 매질을 한다는 것이다. 그렇게 죽어 나간 궁녀의 수가 200~300명에 달한다고 했다. 이전부터 가정제는 자신의 뜻대로 안 되면 신하들을 죽도록 때리고 가두는 것으로 악명이 높았다.

그런데 여기에 또 하나의 사정이 있었으니 바로 가정제가 단약

丹 만들기에 심취했다는 것이다. 단약은 먹으면 병 없이 오래 살 수 있다는 신선의 약이었다. 당시 조선 사신 최보한崔輔漢은 북경에 도착했을 때 하인으로부터 가정제의 소문을 접했다. 원래부터 몸이 약했던 가정제였는데, 도술에 훅 빠지더니 신선이 되어 영원히 살 수 있다는 연단약을 만들어 먹었다는 것이다. 그런데 이 약은 사람 수명을 늘려 주는 대신 성격을 뒤틀어 놨다고 한다. 이때부터 가정제의 성질이 조급해졌다. 화냈다가 바로 기뻐하는 등 변덕스러워졌고, 여기에 달달 볶인 궁녀들이 두려운 나머지 사건을 일으켰다는 것이다. 최보한은 이 일을 보고하며 '물론 뜬소문이니 믿을 수 없다'라고 덧붙이고 있지만, 꽤 그럴싸하다.

황제들이 불사약을 만들어 먹고 그걸로 미치거나 아니면 아예 요절한 것은 굉장히 흔한 일이었다. 또한 가정제가 나랏일을 내팽개치고 놀았던 사실은 이미 조선에 널리 퍼졌을 정도로 유명했다. 도전진陶典眞이라는 도사를 무척 총애하고 맹신한 것 또한 사실이었다. 최보한은 황제가 신선이 되는 약을 얼마나 많이 먹었는지, 주사朱砂가 몽땅 바닥이 나서 구할 수 없을 정도라는 말까지 전했다. 주사는 신선의 약을 만드는 데 빠질 수 없는 전통적인 재료였고, 동시에 수은의 원료이기도 했다. 현대인에게 수은의 독성은 이미 잘 알려진 바이니 가정제는 오래 살겠다며 독극물을 잘도 먹었던 셈이다. 수은 중독의 대표적 증상 중 하나가 불안과 우울증인 것을 생각하

면, 가정제의 성격이 엉망진창이 된 것도 이 때문이겠거니 싶다.

그런데 가정제가 먹은 약의 재료는 수은만이 아니었다. 사람도 약의 재료였다. 심덕부의 《만력야획편萬曆野獲編》 31권에는 이런 구절이 있다.

> 가정 중엽, 황제가 단약을 먹어 효험을 봤다. 임자년(가정 31년) 겨울에 명을 내려 도성의 8세부터 14세까지 여자아이 300명을 입궁시켰고, 을묘년(가정 34년) 9월에 또 10세 이하 여자아이 160명을 뽑았는데, (방사) 도문중이 말하기를 약을 만들기 위해서라고 했다.

어째서 이렇게 많은 소녀들을 궁으로 데려왔을까. 그리고 약을 만든다니, 사람으로 어떻게 약을 만든단 말인가? 여러 가지 무서운 상상이 꼬리에 꼬리를 문다.

황제가 먹은 약은 선천단연先天丹鉛 혹은 홍연紅鉛이라는 약이었다. 연은 납을 뜻하는 말이니, 수은을 비롯한 중금속이리라. 그러면 홍은 무엇일까? 바로 처녀의 피였다. 비슷한 시기에 트란실바니아의 엘리자베스 바토리 백작부인은 영원한 젊음을 유지하고자 영지의 처녀들을 잡아다 피를 짜내 목욕하고 마셨다고 했는데, 가정제도 마찬가지였다. 언제, 어디서나 이상한 사람들이 생각하는 건 비슷하다. 사람 몸 안에 흐르는 생명의 상징 붉은 피, 그중에서도 젊고 어린 소녀들의 피를 마시면 영원히 살 수 있다는 망상에 사로잡혔던 것은 아닐까.

황제는 어린 소녀들의 월경혈을 짜내어 그걸 약으로 썼다. 이 시점에서 궁녀들은 사람이 아니라 약의 재료이자 가축이었다. 젖소에게서 더 많은 우유를 짜내려는 것처럼, 양에게서 더 많은 털을 깎아내려는 것처럼 궁녀들에게 더 좋은 재료를 짜내고자 했다. 그래서 '가축'들에게 솔잎과 이슬만 먹게 했으며, 피가 더 많이 나오게 하려고 갖은 방법을 동원했을 것이다.

어떻게 '재료'를 채취했는지 당시 역사서들은 입을 꾹 다물고 있다. 분명한 건 그렇게 혹사당한 소녀들의 몸이 무사할 리가 없었다. 영양실조, 과다출혈은 물론이고, 그러다가 심지어 죽기도 했을 것이다. 고작 3년 만에 160명의 소녀들을 더 뽑은 것은 그만큼 많이 죽어서 새로운 재료가 필요했음이 아니었을까. 가정제의 궁궐에서는 기괴한 인체실험이 시행된 것이다. 영원히 이뤄질 리 없는 불로장생이라는 꿈을 위해서.

끔찍한 일이다. 황제 한 사람 때문에 셀 수도 없이 많은 사람들이 고통받았고, 마침내 죽어 시체가 쌓여 갔다. 하지만 절대 권력자인 황제는 미치광이 행보를 멈추지 않았다.

옆의 친구가 괴로워하며 피를 흘리고 죽어 가고, 나 역시 그렇게

될 수도 있다는 공포에 찌든 어린 궁녀들은 절망하다가 이렇게 생각했으리라.

'저 사람만 없으면, 황제만 죽어 버리면 이런 끔찍한 일은 더 생기지 않을 것이다.'

임인궁변에서 16명의 궁녀들이 하나가 되어 황제를 죽이려 한 것은 바로 이 때문이 아니었을까. 가정제의 목을 조르고 팔다리를 누르며, 소녀들은 한 마음으로 황제가 빨리 죽기를 바랐을 것이다. 그러나 그녀들의 뜻은 이루어지지 않았다.

《만력야획편》에서는 임인궁변에 연루된 궁녀 이름들을 기록하고

있다. 이들의 이름은 양금영楊金英, 요숙취姚叔翠, 형취련刑翠蓮, 소천약蘇川藥, 관매향䐉每香, 유묘련劉妙蓮, 진국화陳菊花 등이다. 이들 외에 직접 거사에 참여하지는 않았어도 사건을 알고 있던 것은 황옥련黃玉蓮, 양옥향楊玉香, 서추화徐秋花, 유금향劉金香, 장춘경張春景 등이며, 도중에 달아나서 황후에게 음모를 고했던 것은 장금련張金蓮이다.

이렇게 이름을 보고 나니, 이제까지 황제를 암살하려 한 궁녀들이라고 뭉뚱그려졌던 것들이 갑자기 하나하나의 사람으로 바뀌어 보인다. 모두 이름에 꽃, 향기, 냇물, 연꽃, 비취 등이 들어가는 곱디고운 이름이다. 이처럼 고운 이름을 가진 어린 여자아이들이 많이 모여 있다면 그 자체가 아름다운 꽃밭이었을 텐데, 그녀들은 춤추고 노래하며 젊음을 구가하는 대신 황제를 죽이려 들었다.

기록에 따르면 잠든 황제의 목에 줄을 감아 당긴 것은 양금영이었고, 요숙취는 배를 누르고, 형취련은 가슴을 눌렀다. 양팔을 잡아 누른 것은 소천약과 관매향이었다. 유묘련과 진국화는 다리를 눌렀다.

이들 일곱 명의 소녀들이 황제를 짓눌러 가며 목을 조르는 광경을 상상하자니 잔인하고 끔찍하다기보다는 불쌍하고 처절하다. 누군가를 죽이려 든다면 칼이나 날카로운 비녀, 하다못해 무거운 돌덩어리로도 목적을 이룰 수 있을 것을. 어쩌면 소녀들은 어떻게 하면 사람을 죽일 수 있는지 생각할 수 없을 정도로 급했거나, 아니면 정말로 어린아이들이었을지도 모른다.

어쨌건 음모는 실패했고, 황제는 살았다. 감히 황제를 해치려 한 궁녀들의 운명은 죽음뿐이었다. 이 사건 이후에 내려온 성지는 다음과 같았다.

양금영 등이 공모하여 짐을 와소臥所에서 시해하려 하였다. 그들은 죽어도 남을 죄가 있으니, 수종首從을 구분 말고 율에 의해 능지처사凌遲處死한 다음 시체를 잘라서 효수하고, 따라서 법사法司로 하여금 각 족속은 적籍의 같고 다름을 따지지 말고 낱낱이 찾아내서 법사에 보내어 율대로 처결하고 그 재산은 관에 귀속시키도록 하라.

이 조서는 가정제가 직접 쓴 것은 아니었다. 목숨은 건졌으나 황제는 여전히 말도 제대로 하지 못할 만큼 중태였던 것이다. 칼자루를 쥔 것은 황제를 구했던 효열황후 방씨였다. 그녀는 이번 사건에 연루된 궁녀들을 모두 잡아들인 뒤 사건을 조사해 배후 인물을 찾아냈다. 바로 영빈^{寧嬪} 왕씨였다. 그녀는 가정제의 여러 비빈 중 하나로 가정 19년에 책봉되었으며, 원래부터 강단 있는 성격에 지고는 못 사는 성미였다고 한다.

그런데 궁녀들 외에 또 한 사람의 죄인이 있었으니, 바로 단비^{端妃} 조씨였다. 가정제가 살해당할 뻔한 장소는 바로 그녀의 거처였던 것이다. 그런데 단비의 죄목이 좀 애매했다.

단비 조씨는 이번 사건에 함께 하진 않았지만, 역모를 알고 있었다.

曹端妃雖不與, 亦知謀

분명하게 참여하여 죄가 있다기보다는 엉겁결에 휩쓸렸다는 느낌이다. 어쩌면 그녀는 정말 아무것도 몰랐을 수 있었다. 하지만 황제 살해 시도라는 엄청난 사건 앞에서 그녀를 변호해 줄 사람은 아무도 없었다.

황후는 흉악한 짓을 저지른 죄인들을 처형하고, 가족들 역시 처벌하게 했다. 형부 금의위장은 임인궁변에 연루된 궁녀 16명을 저

잣거리에서 처형했다. 죄가 가장 무겁게 여겨져 제일 먼저 이름 불린 것은 역시 직접 황제의 목을 졸랐던 금영이었지만, 죽을 때는 모두 공평하게 온몸이 찢겨지고 목이 내걸렸다. 책형磔刑, 혹은 능지처사다.

능지처참이라는 처형 방법이 우리나라에도 있긴 했다. 하지만 그렇게 흔하게 이루어지지도 않았고, 그나마 일단 죽이고 시체를 토막 내는 정도로 꽤나 얌전하게(?) 시행되는 편이었다. 하지만 중국은 글자 그대로 고스란히 시행했다. 사람을 형틀에 묶어 놓은 다음, 손가락과 발가락부터 잘라낸다. 그다음으로는 팔다리의 살도 베어 낸다. 이때 중요한 기준은 아주 고통스럽지만 절대로 죽을 정도는 아니게 하는 것이다. 오랜 시간을 들여 차근차근 사람의 살을 포로 떠낸다. 그렇게 자르고 잘라서 수천 번을 그리했다고 하니, 처형에 며칠씩 걸리는 경우도 허다했다. 워낙 고통스러운 처형이었기에 죄인은 빨리 죽으면 죽을수록 좋았다. 살을 다 잘라 낸 뒤 배를 가르고 창자를 꺼낸 다음, 목을 잘라 거는 것이 처형의 마지막이었다. 이렇게 끔찍하게 처형한 것은 그렇게 해서 사회에 경각심을 일깨우고 일벌백계를 하겠다는 의도였고, 따라서 가장 끔찍한 죄를 저지른 사람들이 이렇게 죽었다. 감히 나라의 주인인 황제를 시해하려고 한 궁녀들처럼 말이다. 16명의 소녀들은 그렇게 산 채로 토막 났을 것이다. 팔다리가 잘리고 갈비뼈가 드러나는 마지막

의 마지막 순간까지 숨을 붙여 놓아 최대한 고통스럽게 죽였을 것이다.*

그런데 이때 처형당한 사람 중에는 황후에게 사건을 알린 장금련도 포함되어 있었다. 나름대로 황제를 구한 공로를 세웠지만, 예외는 없었다. 자기가 배신했던 동료들과 함께 죽어 가면서 장금련은 어떤 생각을 했을까.

한편 단비 조씨와 영빈 왕씨도 처형되었다. 그래도 그녀들은 명색이 황제의 여인이었고 신분

이 있어서 길바닥에서 발가벗겨지는 대신 궁정 안에서 처형되었다.

어느 정도 시일이 지난 뒤 가정제는 회복하고 비로소 이 사실을 알게 되었는데, 단비가 죽었다는 사실에 황후를 몹시 원망했다고 한다. 그도 그럴 것이 단비는 무척 아름다운 여인으로 당시 황제가 가장 총애하고 있었다. 사건이 벌어진 날 가정제가 단비의 처소에 있었던 것도 결코 우연은 아니었던 셈이다. 이러니 단비의 처형에는 뒷말이 나오게 되었다. 사건 당시 황제는 의식이 없었고 황후가 전권을 휘두르고 있었다. 그래서 단비를 질투했던 황후가 억지로 죄를 씌워서 단비를 죽였다는 소문이 돌았고, 황제 역시 황후를 남몰래 미워한 끝에 궁궐에 불이 났을 때 죽게 내버려뒀다는 말까지 나왔다.

*청나라 즈음에 촬영된 능지처사의 사진이 지금도 몇 장 남아 있다. 그중 형틀에 매달린 한 여인이 산발을 하고 맨몸을 드러내고 있는데, 그 몸은 어깨 위만 멀쩡하고 아래는 구석구석 난도질 되어 있다. 살이 베어져 갈비뼈가 드러나고 다리뼈가 보이지만, 아직 죽지 않은, 죽지 못한 것만 같은 표정이다. 그 사진에서 살아 있는 듯 죽어 있는 듯 알 수 없는 여인의 표정이 너무도 기이해서 지금까지 그 이미지가 뇌리에 박혀 지워지지 않을 만큼 처참하다.

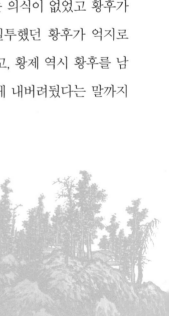

아무튼 이렇게 목숨을 건진 가정제는 조상들에게 감사의 제사를 지내고, 사방팔방에 칙서를 내렸다.

이 세상 어디에나 죽어 마땅한 사람은 없겠지만, 가정제의 미친 행동들을 생각하면, 차라리 그때 목줄에 제대로 묶여 확실히 죽었어야 한다는 생각도 든다. 진실로 미치광이에게 막대한 권력이 주어졌을 때 오는 폐해는 너무나도 크고 비참했다.

다행히 이 미친 짓에도 끝은 있었다. 1567년, 즉위한 지 45년, 임인궁변이 있은 지 13년 만에 가정제는 세상을 떠났다. 그의 마지막을 장식한 것은 이번에도 불로불사의 약이었다. 영원히 살겠다고 먹어 댄 약이 병을 불렀고, 그는 한동안 앓다가 세상을 떠났다.

가정제가 살아 있는 동안, 명나라에서는 환관이 제멋대로 나라를 굴리고 각지에서 도적 떼가 일어났다. 나라는 진실로 망해 가고 있었고, 불쌍한 소녀들은 형장의 이슬이 되어 사라진 지 오래였다. 불로불사의 꿈도 그렇게 허무했다.

中國奇談

교활한 황제,
바보가 되다

청나라 옹정제의 한풀이

옹정제는 아주 전형적인 전근대 시대의 독재자였다.
뛰어난 업적만큼 많은 강압을 일삼았고,
그 때문에 때로 무고한 사람들이 목숨을 잃기도 했다.

인간의 역사는 크고 위대해서 강물과도 같지만, 그 흐름을 따라 죽 훑다 보면 언제나 훌륭하고 장엄하지만은 않다. 맥 빠지거나 어이없는 순간도 얼마든지 있다. 그리고 '바보'가 나타나 그런 순간을 만들기도 한다. 그리하여 그들은 '역사에 이름을 남긴' 바보가 된다. 그들은 조금 어리숙하거나 철이 없는 정도가 아니라 사건을 크게 만드는 아주 특별한 재능을 가진 바보다. 세상은 이런 바보를 비웃지만, 마침내는 그 바보짓에 대차게 휘말려 후세에 길이 남을 어리석은 짓이 벌어진다.

자, 그럼 여기에서 구체적인 예를 놓고 상상해 보자. 당신은 나라를 다스리는 위대한 황제이다. 그리고 당신의 앞에 그런 '역사적인' 바보가 나타났다. 그가 외친다.

"황제는 머저리다!"

그러면 어떻게 해야 할까. 잡아 죽일 것인가, 아니면 다른 방법을 쓸까.

청나라의 다섯 번째 황제 옹정제가 겪어야 했던 고민이 바로 그런 것이었다. 보통의 황제라면 흔히 전자를 선택하지 않을까. 해야할 일이 산더미 같은 보통의 황제에게는 그게 빠르고, 쉽고, 귀찮지 않은 방법일 것이다. 또한 이런 문제는 때로 황제에게 올라가기도 전에 충성스러운 신하들이 알아서 처리하기도 했다. 하지만 옹정제는 후자를 선택했다. 죽여 없애는 것보다 훨씬 번거로우며 온 나라를 성가시게 하는 귀찮은 일, 즉 1대 1 맞토론을 벌였던 것이다. 어째서 옹정제는 사서 고생을 했을까?

원래 옹정제는 유능함과 성실함, 여기에 목적을 위해서 수단과 방법을 가리지 않는 과격함으로 청나라, 아니 중국의 모든 황제 중에서도 열 손가락 안에 꼽힐 수 있을 만한 능력자였다. 그리고 어쩌면 가장 교활한 황제이기도 했다. 하지만 결국 바보의 바보짓에 휘말려 에너지와 정성을 낭비한 것은 물론, 자신의 치세에 흙탕물을 끼얹는 결과물을 만들어 내기까지 했으니 그것이 《대의각미록*義覺迷錄》이라는 책이다. 그렇게까지 똑똑했던 황제가 삽질을 하게 만들었으니, 이것이 바보의 힘이 아닐까.

흔히 청나라의 최전성기는 세 황제의 시대에 있었다고 한다. 강희제, 옹정제 그리고 건륭제이다. 강희제가 토대를 닦았고, 옹정제는 기둥을 세웠으며, 건륭제는 이를 바탕으로 화려하게 꽃을 피우고 화끈하게 말아먹었다. 이렇듯 저마다 개성이 넘치는 황제들이지만 아버지 강희제의 시대가 패기 넘치고, 아들 건륭제의 시대가 화려했던 것에 비해 옹정제의 시대는 별다른 일이 없었으며 무엇보다도 어두웠다.

그도 그럴 것이 옹정제는 아주 전형적인 전근대 시대의 독재자였다. 가차 없이 자신의 경쟁자들을 제거하고, 사람을 믿지 못했으며, 모든 일을 하나하나 자기 손으로 확인해야만 직성이 풀리는 완벽주의자였다. 업적은 뛰어났지만 너무 많은 강압이 있었고, 때로 무고한 사람들이 목숨을 잃기도 했기에 짙은 피 냄새가 감도는 것이 옹정제의 시대였다.

옹정제는 즉위 과정부터 순탄하지 않았다. 그의 아버지 강희제에게는 자식이 많았는데, 원래는 2황자를 황태자로 세워 다음의 황제로 훌륭하게 키워 내려고 했다. 그러나 황태자는 지나친 기대와 부담, 주변의 음해, 기타 등등의 문제로 제풀에 주저앉았고, 결국 폐위되었다. 이후 공석이 된 황태자 자리를 두고 아들 중에서도 특히 3황자, 8황자, 9황자, 14황자가 치열하게 경쟁했다. 그에 비해 4황자 옹친왕雍親王 윤진胤禛은 군사 정벌과 내정에 참여하긴 했지만 다른 왕자들처럼 계승 욕심을 노골적으로 보이지는 않았다.

1722년, 68세의 강희제는 건강이 눈에 띄게 나빠졌다. 황자들의 경쟁은 더더욱 치열해졌다. 이중 가장 가능성 높은 후보자로 여겨진 것은 옹친왕雍正帝의 동복 아우인 14황자 순군왕恂郡王 윤제胤禵였다. 그는 무원대장군撫遠大將軍으로서 티베트 군대까지 거느리고 있어 황자 중에서는 가장 막강한 세력을 자랑했다. 여기에 강희제의 총애까지 두터웠으니 날개를 단 호랑이나 다름없었다.

이처럼 황자들끼리의 알력다툼이 계속되던 중, 12월 20일 강희제는 마침내 세상을 뜨고 만다. 그런데 이때 다음 황제로 발표된 것은 뜻밖에도 옹친왕이었다. 아무도 생각하지 못했던 파격적인 결과여서 가지각색 소문이 나돌았다. 이 중 가장 유명한 것은 옹정제가 강희제의 측근이었던 융과다를 매수해서(옹정제의 친어머니는 효공인황후 오아씨이지만 효의인황후의 양자로 들어갔고, 융과다는 바로 그 효의인황후의 동생이다) 강희제의 유조를 위조했다는 것이다. 즉 원래는 '14황자에게 자리를 물려준다傳位十四皇子'라고 쓰여 있는 것을 '4황자에게 물려준다傳位于四皇子'로 바꾸었다고 말이다. 그렇다면 '십十' 자 위에 줄 하나만 그으면 되는 것이니 진짜 그럴싸하게도 들린다.

그래서인지 옹정제가 황위를 찬탈했다는 소문은 당대에 크게 유행한 것은 물론, 현대에 이르러 역사 드라마의 소재로까지 계승되었다. 중국 드라마 〈군림천하〉에서는 옹정제가 지독한 악당으로 나와서 황제가 되고자 온갖 악행을 저지르는 것은 물론, 아버지 강희제를 직접 목 졸라 살해하기까지 한다. 그리고 그 사실을 알게 된 동생들을 차례차례 제거해 가며 권력을 틀어쥐고 마침내 천하를 손에 넣게 된다. 그런데 과연 이게 정말일까.

청나라의 역사서인 《청사고》에서는 강희제의 죽음을 꽤나 메마르게 묘사하고 있다. 〈성조본기〉에는 죽기 며칠 전 옹친왕 윤진에게 하늘에의 제사를 대신 지내게 하고, 그 얼마 뒤에 69세의 나이로 세상을 떴다는 간단한 내용이 있을 뿐이다. 그리고 옹정제의 즉위 과정도 별다른 일이 없었다는 것처럼 두루뭉술하게 넘어가고 있어 의문은 고스란히 남는다.

그런데 지금 대만 고궁박물원에는 재미난 문서가 하나 보관되어 있다. 〈강희유조康熙遺詔〉, 글자 그대로 '강희제의 유언장'이라는 글이다. 이 문서는 만주어와 몽골어, 한자로 쓰여 있으며, 강희제가 죽은 뒤 천하에 공표된 것으로, 넷째 아들 옹친왕, 훗날의 옹정제를 황제로 세우겠다는 선포이다.

옹친왕 4황자 윤진은 인품이 귀하고 무거우며, 생각이 깊으니 내가 생각하건대 틀림없이 대통을 이을 수 있을 것이다. 따라서 짐의 뒤를 이어 4황자 윤진이 황제로 즉위하고, 전례에 따라 상복을 입되 27일이 지나면 옷을 갈아입고 대내외에 이 사실을 포고하여 이를 듣고 알게 하라.

雍親王皇四子胤禛, 人品貴重, 深肖朕躬 · 必能克承大統. 著繼朕登基卽皇帝位卽傳位於皇四子胤禛, 卽遵典制持服. 二十七日釋服, 釋布告中外, 咸使聞知.

유조의 이 문장을 읽어 보면 4황자 윤진이라는 이름을 두 번이나 언급하고 있고, '우⼿'자나 '십⼗'자가 들어갈 여지가 없다. 즉 위조할 수 있을 리가 없다. 물론 이 유언장은 강희제가 죽은 뒤에 발표되었으니 옹친왕이 융과다, 연갱요 등과 짜고 유조를 통째로 위조한 것이 아니냐는 주장도 할 수는 있겠다.

하지만 생각해 보자. 당시는 황자들끼리의 눈치싸움이 극에 달했을 때였다. 계승 문제에 조금이라도 불투명한 구석이 있다면 모두들 들고 일어났을 터. 그렇게 되면 갓 기틀이 세워진 청나라가 망하는 것도 시간문제다. 하지만 이 유조가 진짜라면 강희제는 무슨 이유로 옹정제를 다음 황제로 골랐을까. 워낙 옹정제의 즉위가 느닷없었기 때문인지 옹정제의 넷째 아들, 즉 손자 홍력이 지닌 빼

어난 자질을 보고 골랐다는 소문까지 있었다. 그리고 이 손자가 바로 다음 대의 황제인 건륭제였다. 하지만 건륭제가 어떻게 나라를 도탄에 빠지게 했는지를 생각하면 이 이야기도 곧이곧대로 믿기 어렵다. 그러니 강희제가 오랜 시간 고민한 끝에 옹정제를 다음 황제로 골랐다는 것이 훨씬 합리적이다.

마지막 조서만 보더라도 젊은 시절의 옹정제는 참 조용하고 침착한, 뒤집어 말하면 별로 눈에 띄지 않는 사람이었다. 그래도 손꼽히는 현군으로 수십 년 동안 나라를 지탱해 온 강희제라면 사람의 허와 실을 꿰뚫어 볼 수 있지 않았을까. 따라서 편애에 눈멀지 않고 진국을 가려낸 게 아닐까. 한편으로 아들들의 경쟁이 너무나도 심했으니 온화하고 얌전한 옹정제라면 친동기간에 피는 보지 않겠거니 생각했을지도 모른다. 그런데 옹정제는 강희제의 예상보다 훨씬 현명하고도 지독한 사람이었다.

옹정제가 '깜짝' 즉위하자 당연히 다른 황자들은 불만을 터뜨렸다. 그런데 옹정제는 자신의 자리를 온전하게 지키는 것은 물론, 위협이 되는 형제들을 하나하나 제거했다. 사소한 빌미를 잡기도 했고, 한 번 눈에 띈 약점은 절대 놓치지 않았다. 그래서 한때 나라를 뒤엎을 것처럼 기세등등했던 형제들은 하나하나 황족의 족보에서 이름이 파이거나, 심지어 개나 돼지로 이름이 바뀌어 유폐되

었다. 이 모든 작업이 끝났을 때 옹정제는 아무도 범접할 수 없는 위대하고도 두려운 청나라의 황제가 되었다.

옹정제는 천신만고 끝에 장악한 나라를 열심히 다스렸다. 술을 마시지 않았고 검소했으며, 하루에 4시간만 자며 업무를 했다. 이는 보여 주기 행정이 아니라 정말로 할 일이 많은 탓이었다. 기존에 대신들에게 떠맡기던 국정을 황제가 직접 맡는 것으로 바꾼 탓에, 옹정제는 전국 및 각 부서에서 올라오는 보고서를 빠짐없이 읽어야 했다. 더구나 그냥 형식적으로 읽고 끝내지 않았으니, 보고가 마음에 안 들거나 미진한 구석이 있으면 빨간 붓朱筆으로 하나하나 지적해서 돌려주었다. 최고 상관이 이렇게 꼼꼼하게 일하는데 어느 신하가 감히 게으름을 피울 수 있겠는가. 덕분에 나라는 안정되었고, 재정은 튼튼해졌으며, 신하들이 부정부패를 저지를 수 없었다.

그렇다고 옹정제가 좋은 사람이란 것은 아니다. 그는 비정하면서 무자비했으며 아주 치밀했다. 그가 정무를 열심히 본 것은 나라를 사랑해서라기보다는 다른 사람을 믿지 못하고 자기가 전부 해야만 안심할 수 있는 사람이었기 때문이다. 즉 인간 불신의 발로였다. 그래서 그가 즐겨 사용한 통치술은 비밀경찰을 이용한 감시 및

사찰이었다.

옹정제 시대의 무시무시한 일화로 유명한 것을 소개하겠다. 어느 날 밤, 신하들이 모여서 마작을 했다. 한참 신나게 놀던 와중 마작 패 하나가 홀연히 없어졌고, 어쩔 수 없이 놀이를 접어야 했다. 그다음 날, 놀이에 참여한 관리 중 하나가 황제를 알현하게 되었다. 황제가 그에게 물었다.

"어제 무슨 일을 했느냐?"

관리는 옹정제가 질색하는 마작을 했다는 게 찜찜했지만 솔직하게 고했다. 그러자 옹정제는 이렇게 말했다.

"진실을 말했으니 한 번은 용서해 주겠다."

그러고는 소매에서 무언가를 꺼냈다. 바로 어제 없어졌던 마작 패였다. 즉 황제의 비밀경찰이 그들을 감시하고 있다가 몰래 패를 하나 숨겨 왔다는 말이다.

또 다른 일화에는 이런 게 있었다. 어느 날 옹정제가 한 관리의 알현을 받으며 물었다.

"현판은 여전히 잘 있느냐?"

관리의 집무실에는 현판이 하나 걸려 있었기 때문이다. 그런데 이 질문에 관리는 별 생각하지 않고 대답했다.

"그렇습니다."

그러자 옹정제는 화를 벌컥 내고 '떼어낸' 현판을 내던지며 그대

로 있는지 제대로 확인이나 하라고 외쳤다고 한다.

매일매일 퇴근 이후의 유흥 활동과 직장의 인테리어까지 신경을 쓰고 있는 윗사람이니 조금 피곤할 것도 같다.

옹정제와 같이 살거나 최소한 그를 직장 상사로 모신다면 누구나 위장병은 물론이고, '직장보다 목숨이 중요하다'라는 생각을 하게 될지도 모른다. 실제로 그의 형제 몇몇은 평생 유폐되었고, 한때 옹정제에게 충성을 다했던 중신들 중 융과다와 연갱요는 숙청당했다. 그러면서 부패한 관리들을 단호하게 처단한 것은 물론, 농업을 적극적으로 권장하고 세금 제도를 지정은제로 바꿔 부담을 줄였다.

그러면 백성이 살기 편안했을 테니 좋은 시대가 아니냐 하겠지만, 그것은 아니었다. 옹정제는 분명 독재자였고, 무엇보다도 생각의 자유를 허락하지 않았으니까. 유능하고 똑똑하며 나라를 잘 굴리긴 했지만, 인간적으로 따뜻한 사람은 아니었다. 그런 점에서 옹정제는 참 성실한 악당이었다.

그런 와중에 1728년, 옹정제가 즉위한 지 6년째에 증정曾靜의 사건이 벌어졌다.

증정은 1679년 호남성 안인현에서 태어났으며, 옹정제보다 한

살이 어렸다. 하늘이 내린 뱁새이자 이 이야기에서 또 하나의 주인 공인 '바보'인 사람이다. 그는 어린 시절 아버지가 일찍 세상을 떠난 뒤 어머니가 홀로 키워 생활이 그리 넉넉하지 않았다. 그런 형편에서 자란 증정은 사대부라면 응당 목표로 하는 과거에 도전했으나 실패했다. 우리나라 과거시험에서도 30명 정원에 천 명이 몰려들어 북새통이 벌어졌지만, 땅덩이와 인구에서 말도 못하게 차이가 났던 중국에서 과거에 합격하기란 모래사장에서 바늘을 찾은 뒤 그 바늘구멍 안으로 낙타를 집어넣는 것만큼이나 어려운 일이었다. 물론 그래도 합격하는 천재들은 있었지만, 증정은 아니었다. 그는 몇 번 과거에 실패를 하고, 마침내 포기한 뒤 고향 땅에서 사람들을 가르치며 학자로 살았다.

그렇게 살면서 나름대로 만족했더라면, 이후의 일은 벌어지지 않았을 것이다. 하지만 증정에게는 사라지지 않는 꿈, 혹은 야망이 있었다. 나는 이렇게 끝나지 않는다. 그럴 리 없다. 나는 봉황만큼 위대한 인물이고, 더욱 크고 위대한 일을 이루고 말겠다는 확신이 그의 마음속에서 이글거리고 있었던 것이다. 그래서 이 시골 서생은 만주족의 나라를 뒤엎고 한족의 나라를 부활시키겠다는 뜬금없는 꿈에 부풀어 올랐다.

그렇게 된 계기는 분명치 않지만, 아무래도 명나라 말기부터 청

나라까지 살며 반청주의를 부르짖었던 학자 여유량의 글을 보고 감화를 받은 탓인 듯하다. 하지만 과거시험에 도전했던 증정의 경력을 생각하면, 처음에는 청나라에 큰 불만이 없었다가 낙방이 계기가 된 게 아닐까 싶다. 자신의 능력 부족을 탓하기보다 한족이라서 청나라의 과거에 떨어졌다고 생각하는 게 더욱 편했을 것이다.

아무튼 여유량의 사상을 접한 증정은 《지신록》, 《지기록》이라는 책 두 권을 쓴다. 그러면서 오랑캐 나라^청는 망해야 하고, 훌륭한 사람이 황제가 되어야 하니 여유량이 되었어야 한다는 내용과 함께 옹정제의 10가지 악행을 말했다. 그 내용은 다음과 같다.

모부^{謀父} 아버지를 시해하다.

핍모^{逼母} 어머니를 괴롭혀 죽게 했다.

시형^{弑兄} 형을 죽게 했다.

도제^{屠弟} 동생을 죽였다.

탐재^{貪財} 재물을 욕심냈다.

호살^{好殺} 사람 죽이는 걸 좋아한다.

후주^{酗酒} 술에 취해 주정한다.

음색^{淫色} 색을 밝힌다.

주충^{誅忠} 충신을 주살한다.

임공^{任佞} 아첨꾼을 등용한다.

내용만 본다면 세상에 이런 폭군이 또 있나 싶다. 옹정제가 아버지를 죽였다는 소문은 앞에서 이야기했고, 어머니를 괴롭혔다는 이야기의 전말은 이렇다.

옹정제는 어머니가 동복동생이자 정치적 맞수였던 14황자를 보고 싶어 하는 걸 금지했고, 그 때문에 어머니가 기둥에 머리를 박아 죽었다는 것이다. 실제로 옹정제의 어머니 효공인황후는 친아들인 옹정제가 즉위하고 나서 얼마 지나지 않아 세상을 떠났는데, 생전에 아들과 사이가 안 좋았다는 말과 맞물려 근거 없는 소문이 돈 것이다.

그 외에도 옹정제의 형들은 죽임당하지 않는 대신 평생 유폐되었으며, 동생인 8황자와 9황자도 사정은 비슷했다. 14황자 역시 죽지는 않았으나 이후 실권을 잃고 강희제 묘의 묘지기가 되어야 했다. 하지만 옹정제에게 반하지 않고 잘 따른 동생들은 모두 잘 살았다.

그 외에 재물을 욕심냈다는 것은 옹정제의 아들 건륭제의 전매특허였고, 술에 취해 주정한다는 것도 잘 시간까지 줄여 가며 나랏일을 했던 워커홀릭 옹정제에겐 말도 안 되는 소리였다.

다만 사람 죽이기를 좋아한다는 것에는 변명의 여지가 없을 것 같다. '문자의 옥'이 대표적이고, 과거시험 문제를 하나 잘못 냈다고 트집 잡아 시험관의 9족을 몰살한 일도 있었다. 즉 옹정제는 사

람 죽이는 걸 노골적으로 좋아하진 않았지만 그렇다고 꺼리지도 않았다.

그리고 색을 밝혔다는 것에도 의문이 간다. 중국 드라마 〈후궁견환전〉 덕분에 옹정제의 궁궐에서는 수많은 후궁들이 꽃같이 싸웠을 것 같으나 기록이 남은 건 8명뿐이다. 이 정도면 황제치고는 소박한 편이 아닌가.

충신을 죽였다는 것이나 아첨꾼 기용에 대해서도 의문의 여지가 있다. 옹정제는 자신이 즉위할 때 손을 잡았던 권신 연갱요와 융과 다를 자살하게 하거나 축출했는데 그들이 과연 충신이었을까. 그리고 사람을 믿지 못한 탓에 비밀경찰을 두고 모든 신하들을 감시하기도 했다.

따라서 증정이 말한 10가지 악행은 사실인지 아닌지 확인도 하지 않고 주변에 도는 풍문을 모아 집성한 것이며, 스캔들 혹은 유언비어에 불과했다.

그래도 이 정도에서 그쳤으면 증정은 유언비어를 떠든 죄로 끝났을 것이다. 그런데 증정에게는 남들이 가지지 못한 특별한 능력이 있었으니, 바로 넘치는 행동력이었다. 특히 일을 크게 부풀리는 데 막강한 재능이 있었으며 이걸 적극 활용했다. 그래서 에너지를 주체하지 못하던 증정은 여유량의 아들에게 고인의 책을 받아 다음 단계, 즉 본격적인 반란의 준비를 시작했다.

벼슬도 없고 기껏 제자 몇 명만 있었던 시골 서생이 한족의 세상을 되돌리려면 어떻게 해야 할까. 막강한 청나라의 권세에 맞서 싸우기 위해 증정은 다른 사람에게 군사를 빌리기로 했다. 바로 천섬 지역의 총독 악종기에게 반란을 일으키라는 내용의 편지를 보낸 것이다. 이 편지에서 그의 근거 없는 자신감을 확인할 수 있다. 증정은 편지에서 이렇게 말했다.

> 자격 없는 인물이 황제 노릇을 하고 있으니 지금이 한족의 나라를
> 세울 때다. 그러니까 악종기 당신이 일단 군사만 일으키면 각지의
> 의병들이 일어나 함께하고 청나라를 멸망시킬 것이다.

아주 웅장한 포부이되 실현 가능성은 별로 없는 이야기였다. 물론 편지에서는 당당하게 그렇게 될 거라고 주장했지만 원래는 '그렇게 되면 참 좋겠다'라는 희망사항일 뿐이었으니, 참으로 깜찍한 반란 계획이었던 것이다.

그런데 증정이 다른 누구도 아닌 악종기를 선택한 이유가 참 가당치 않다. 악종기는 바로 악비의 후손이었다. 악비는 남송의 마지막 충신이자 '중국의 이순신'이라고까지 불리는 인물이다. 나날이 강성해지는 이민족들의 군세 앞에서 무너져 가는 나라를 마지막까

지 지탱하고 싸워 승리하였으나, 비겁한 황제와 자기 욕심만 채우려는 간신 진회에게 '죄가 있을지도 모른다'라는 기상천외한 죄목으로 처형당한 비운의 인물이다. 그런 조상을 두고 있으니 당신 역시 이민족과 싸워 한족의 나라를 세워야 한다는 게 증정의 논리였다. 물론 비슷한 논리에 넘어가서 양아버지 카이사르의 심장에 칼을 박아 넣은 브루투스도 있다. 단 브루투스야 세상 물정 모르는 도련님이었지만 악종기는 달랐다. 그는 야심가도 아니고, 몽상가도 아니었으며 하루하루 열심히 사는 공무원이었을 뿐이다.

그랬던 악종기가 증정의 편지를 받았을 때 얼마나 기가 막혔을까. 만주족의 나라에서 한족으로 태어난 그가 총독의 자리에 오르기까지 정말 많은 질곡이 있었다. 만주족들은 그의 출신 성분을 두고 물고 뜯기 바빴고, 한족들은 악비의 후손이라며 도와주는 거 없이 부담만 잔뜩 지웠다. 실제로 난데없는 반란 모함에 휘말린 적도 있었다. 그렇지만 옹정제는 악종기를 믿어 줬으니, 이에 악종기는 크게 감격해서 황제에게 충성을 다하겠다고 맹세했다. 그게 아니더라도 그는 관리로서 잔뼈가 굵었고, 세상 돌아가는 사정도 훤히 알았다. 청나라는 최전성기를 맞이하고 있었고, 나라 안팎으로 견고하고 융성했다. 자신은 총독이라 하나 실상은 지방관이고 가진 권력도 그리 크지 않았다.

그런데 이때 생판 듣도 보도 못한 사람이 튀어나와 반란 계획을

들먹이며 총대 매기를 강요하니 기가 막히고 코가 막힐 노릇이었다. 단칼에 거절하고 싶었지만, 나중에 이 사실이 밝혀지면 어떤 식으로든 자신도 얽혀 들어갈 게 뻔했다. 게다가 지금 황제는 그 무서운 옹정제였다. 하여 악종기는 일단 반란에 참여하겠노라 선언한 다음, 증정과 접촉해 관련자들을 속속들이 알아냈다. 그리고 이 모든 음모를 황제에게 고했다.

이제 이 이야기는 처음으로 돌아간다. 이미 말했듯이 증정은 옹정제를 욕하며 청나라를 멸망시키고 한족의 나라를 세워야 한다고 주장했다. 악종기의 보고서를 받아든 옹정제는 화가 머리끝까지 났다. 황제가 마음만 먹는다면 증정을 잘게 썰어 죽이고, 그의 친척들을 도륙하고, 그것도 모자라 그의 고향을 초토화시킬 수도 있었다. 하지만 옹정제는 그 대신 증정을 북경으로 소환하여 직접 얼굴을 마주했다.

옹정제는 높고 높은 황제의 자리에 앉아 증정을 내려다보았다. 그 광경은 스스로 여의주를 낚아챘던 강대한 용과 세상 물정 모르고 입만 살아 있는 시골 뱁새의 만남이었으리라. 용의 입에서 당장 저놈을 끌어내 목을 치라는 말이 나와도 이상할 것은 없었다. 하지만 옹정제는 그러지 않았다.

"그래서 내가 무슨 일을 했다고?"

옹정제는 '친히' 증정에게 말을 건넸다. 고문이나 협박을 한 것이 아니라 토론을 벌인 것이다. 더구나 잘못된 것을 지적하고, 사실을 알려 주고, 미처 몰랐던 것을 일깨워 주었다. 애초에 증정은 뜬소문을 주워듣고 나불댄 것이었으니, 제국을 속속들이 알고 좌지우지하는 황제를 상대할 수 있을 리 없었다.

그리하여 마침내 이 토론회, 아니 일방적인 설교가 끝났을 때 증정은 옹정제의 충실한 신하가 되어 있었다. 조금 전까지만 해도 한족의 나라를 세워야 한다고 말하던 증정은 이제 황제가 말하는 게 모두 옳고 자기는 철모르는 무지렁이였다며 넙죽 엎드렸다. 극과 극은 서로 통하는 법. 원래부터 증정이 한족의 세상을 되살릴 것을 부르짖으며 반란을 도모했던 것은 넘치는 열정과 행동력 덕분이었다. 그런데 그 행동의 극이 뒤바뀌는 순간 그는 아주 훌륭한 변절자이자 황제의 찬양자로서 탈바꿈했던 것이다.

마침내 눈물을 흘리며 머리를 조아리는 증정을 보며, 옹정제는 그의 철두철미한 삶에서 다시없을 바보짓을 벌이고 만다. 이 모든 내용을 정리하여 한 권의 책으로 만든 것이다. 이것이 바로《대의 각미록》이다. 옹정제는 이 책을 각지의 관청으로 보냈고, 많은 사람들이 읽게끔 하였다. 이로써 청나라의 대의명분을 높이고 어리석

은 유언비어를 일소한다는 게 표면적인 이유였지만, 책의 내용을
줄이고 줄여서 한마디로 요약하자면 다음과 같다.

　그대들이 잘못 알고 있으니 하나하나 알려 주마.

　이 책은 즉위한 뒤 내내 시달렸던 각종 유언비어에 대한 옹정제,
아니 인간 애신각라 윤진愛新覺羅 胤禛. 옹정제의 성과 휘이 보내는 크고도 웅장
한 반박문이었다.

　증정의 사건이 벌어진 것은 옹정제 6년으로, 그는 아직 몰랐겠
지만 통치 기간의 절반을 딱 지나고 있던 시점이었다. 처음 즉위했

을 때의 위태로운 순간은 그럭저럭 넘기고 나라는 평화로워졌으
며, 옹정제는 좋은 쪽으로든 나쁜 쪽으로든 최선을 다해 나라를 다
스렸다. 하지만 아버지를 시해했다, 형제들을 죽였다 등 온갖 악성
루머들은 사라지지 않았다. 원래부터 비밀경찰을 써서 나라 안의
정보를 속속들이 알았던 옹정제였으니 그런 소문이 돈다는 것은
잘 알았으리라. 하지만 소문이란 그것을 말하는 사람을 하나둘 잡
아 없앤다 해도 결코 없어지지 않는 법이다. 그래서 옹정제는 신하
와 백성들이 아버지를 죽이고 황제 자리를 빼앗은 놈이라 자신에
게 손가락질을 하는 걸 알고도 꾹 참고 있었다. 그 인내심도 참으
로 대단하지만, 결국 옹정제도 인간이니 이 일을 계기로 폭발했던

것 같다.

《대의각미록》을 훑어보면 옹정제의 반박 혹은 분풀이가 군데군데 드러난다. 본인도 끈질긴 소문을 지긋지긋해했던 티가 완연하다. 이런 옹정제의 글을 읽다 보면 냉철한 독재자가 아니라, 입소문 때문에 시달리고 피곤해하는 한 사람의 모습이 오롯하게 보인다.

아버지가 내가 올린 탕약을 마시고 돌아가셨다는 데 그것은 사실이 아니고, 어머니가 동생^{14황자}을 보고 싶어 하는 걸 내가 핍박했다고 하는데 그것도 사실이 아니라는 등 나름대로 그럴싸한 이유를 들어가며 말하고 있다. 대표적으로 강희제가 원래 14황자를 후계자로 삼았다는 소문에 대한 옹정제의 답은 이랬다.

> 우리 아버지는 참으로 똑똑한 분이셨는데, 만약 14황자를 정말 후
> 계자로 생각했다면 그 먼 티베트에 보내셨을까? 언제 돌아가실지
> 모르는 와중에?

곰곰이 따지고 보면 맞는 말이다. 강희제는 세상을 떠나기 3년 전 14황자를 무원대장군^{撫遠大將軍}으로 봉해 티베트로 보냈고, 14황자는 그곳에서 내내 근무하고 있었기에 강희제의 임종도 지키지 못했다. 왕조 시대에 가장 혼란한 때는 바로 정권 교체기인 법이고, 강희제의 말년은 특히나 황자들의 싸움으로 어지러웠다. 그리고

어느 시대에나 황제의 상황이 위태로워진다면 황태자(내지 그 후보자)는 안전한 곳에 머무르며 황제가 죽었을 때 신속하게 자리를 이어받아 권력의 공백을 최소화해야 마땅했다. 그랬기에 어느 왕조나 황태자 혹은 세자는 전장에 나가기보다는 안전한 후방에서 도성을 지켰다. 만약 강희제가 14황자를 정말로 후계자로 여겼더라면 마땅히 도성에 두었을 것이다. 옹정제처럼.

아무튼 기나긴 중국 역사를 통틀어 일개 서생과 얼굴을 마주하고 토론을 벌이고, 또 그 내용을 책으로 만들어 상세히 밝힌 황제는 옹정제가 유일했다. 언제나 냉철하고, 인정사정도 없고, 어제 친했던 신하들을 오늘 숙청했던 옹정제가 이렇게까지 자기변명을 늘어놓았던 때는 그의 인생에서 이것이 처음이자 마지막이었다.

어쩌면 《대의각미록》 사건이 벌어지게 된 것, 옹정제가 증정을 데려다 놓고 토론을 벌인 것부터가 참으로 그답지 않은 일이었다. 이를 보면 피도 눈물도 없는 냉혈한이라고 해도 결국은 사람이었구나 하는 생각도 든다. 나쁜 사람이란 말을 듣고도 눈 하나 깜박이지 않았지만, 안으로는 하나하나 다 기억하고 생각하고 있었다는 말이니.

한편 몇 년에 걸쳐 적립한 울분을 신나게 터뜨린 덕분일까, 옹정제는 증정에게 놀랄 만큼 관대했다. 원래는 유언비어를 퍼뜨리고

반역을 도모했으니 채칼로 잘게 썰어 길바닥에 뿌려도 부족할 만한 중죄였고, 실제로 그렇게 하자는 말도 나왔다. 하지만 옹정제는 오히려 돈과 관직을 하사했다. 그리하여 옹정제의 충실한 개가 된 증정은 황제가 시키는 대로 나라 이곳저곳을 다니면서 황제를 찬양했다.

이로써 옹정제는 한풀이를 하고 증정은 꿈에도 소원이던 출세를 했다. 그렇게 행복하게 잘 끝나나 했으나 현실은 그렇지 않았다.

1735년, 옹정제는 58세의 나이로 세상을 떴다. 그의 아버지 강희제만큼은 아니더라도 꽤나 갑작스러운 죽음이었다. 그래서 암살당한 게 아니냐는 설도 있지만(개중에는 여유량의 손녀가 무공을 익혀 암살했다는 이야기까지 있다), 가장 설득력 있는 것은 과로사가 아닐까 한다. 그렇게 과도하게 업무를 보니 몸이 축나는 것은 당연한 일이다. 오히려 그 나이까지 살아 있던 게 더 놀라웠을지도 모른다. 이후 옹정제의 넷째 아들 홍력이 황제가 되었으니, 바로 청나라의 최전성기를 이룩하고 동시에 사치와 나태함으로 끝을 낸 건륭제이다.

건륭제는 즉위하자마자 《대의각미록》을 금서로 지정하고 불태운 것은 물론, 이 책을 소유한 자를 처벌하겠다고 선언한다. 그리

하여 그간 잘 먹고 잘 살고 있었던 증정과 그 제자 장회도 단번에 목이 날아가고 만다. 옹정제가 죽고 나서 증정이 목숨을 부지한 시간은 고작 10일이었다. 이는 그만큼 건륭제가 이 일을 아주 오랫동안 벼르고 있었다는 증거이기도 하다.

왜 그랬을까? 이유는 간단하다. 원래 옹정제는 《대의각미록》을 통해 만주족의 지배를 정당화하는 것은 물론, 자신의 결백함을 보이고자 했다. 즉 '사람들이 내가 부모님을 죽이고 동생들을 해치는 등 나쁜 짓을 했다고 하는데, 사실은 이러저러했고 진실이 아니다' 라는 것이 《대의각미록》의 내용이었다. 그런데 사람은 언제나 듣고 싶은 것만 듣는 법이라 생각지도 못한 부작용이 나타났다. 실제로 《대의각미록》이 시중에 퍼지자 옹정제의 변명은 모두 잊히고 오로지 나쁜 소문만이 나돌게 된 것이다. 그것도 더욱 강력하게. 소문이 말뿐이라면 말하는 자가 있고 들어 줄 사람이 있을 때만 살아 있다가 새로운 소문이 나타나면 사라진다. 하지만 소문이 글로 적혀 이곳저곳에 내걸린다면, 말이 사라져도 글이 남고 그 글을 읽은 자는 또 다시 말하면서 소문은 거듭 생명력을 얻는다. 문자의 기록은 그토록 위대한 것이다.

그 소문들에는 옹정제의 추문만 포함된 것이 아니었다. 이 사건을 밝혀내는 데 큰 역할을 했던 악종기 역시 《대의각미록》 때문에 곤욕을 치러야 했다. 그는 분명 황제와 청나라에게 충성을 다했다.

그런데 증정을 속여 자백을 받아내고자 '사실은 나도 청나라가 싫었다'라고 언급한 것이 문제였다. 악종기의 이 말이 고스란히 《대의각미록》에 실려 널리 퍼지면서 그가 청나라에 역심을 품었다고 생각하는 사람이 늘어났고, 악종기는 참으로 곤란한 입장에 처했다. 그런 까닭에 악종기는 그 내용을 지워 달라고 옹정제에게 간곡하게 부탁했지만, 옹정제는 있는 그대로의 사실을 기록한 것이라며 듣지 않았다.

이렇듯 《대의각미록》의 부작용은 상당히 심각했는데, 옹정제는 살아생전 그런 잘못을 인정하지 않았던 모양이다. 무엇보다도 자신이 실수했다는 사실을 인정하기 어려웠을 수도 있다. 하지만 옹정제의 아들 건륭제는 냉정하게 이 사태를 보고 있었고, 《대의각미록》이 청나라 황실에 해가 된다고 여겼기에 황제가 되자마자 이 책을 금서로 지정했다. 그런데 이 일이 또 생각지도 못한 결과를 불러왔다.

이전까지는 《대의각미록》을 보며 수군대는 정도였다면, 이 책을 금지하다 못해 거두어 불태우기 시작하니 사람들이 본격적으로 책을 챙기기 시작한 것이다. 사람들은 기를 쓰고 책을 숨겼고, 몰래 돌려 보았다. 그리하여 책이 죄다 없어지기는커녕 오히려 덤까지 붙어 간직되었으며 지금까지도 살아남았다. 결국 옹정제도, 건륭제도 원하지 않는 결과를 초래하고 말았으니, 세상일이 황제 마음대

로 되지 않는다는 또 하나의 증거라고나 할까.

과연 옹정제가 한 일은 바보짓이었던가. 아니면 그래야만 했던 일일까. 성실하기 짝이 없었던 한 악당의 한풀이는 그렇게 한 권의 책으로 남았다.

中國奇談

남장 황녀의
답답한 인생

스파이가 된 청나라 황녀 가와시마 요시코

그녀의 인생은 처음부터 끝까지 참으로 갑갑했다.
태어나면서부터 타인은 물론,
피를 나눈 가족까지 그녀를 이용하려고만 들었다.

이제는 고전이 된 영화 〈마지막 황제〉에는 동방의 보석 '이스턴 주얼 Eastern jewel'이라는 여성이 등장한다. 서양식 옷과 짙은 화장으로 치장하고, 황제 부의에게 자신이 기꺼이 후궁이 되겠다며 다가서는 모습은 매혹적이면서도 마치 독을 품은 꽃처럼 요사스럽다. 사실 그녀는 일본군의 스파이로, 부의를 이렇게 저렇게 이용하다가 마침내 일본 제국주의의 패망과 함께 처참히 저물어 버린다. 짧은 등장으로도 굉장히 강렬한 인상을 준 그녀의 이름은 바로 가와시마 요시코였다.

가와시마 요시코의 원래 이름은 애신각라 현우愛新覺羅 顯玗로, 1907년

청나라 황족 숙친왕肅親王 선기善耆의 딸로 태어났다. 숙친왕 가문은 청 태조의 장남의 후손으로, 건국에 공을 세웠던 것을 인정받아 친왕이 된 가문이었다. 이후 청나라가 300년 가까이 지속되는 동안 숙친왕가는 긍지 높은 황가의 일원으로 막대한 권력과 부를 누렸다. 원래대로라면 현우도 귀하디귀한 신분으로 곱게 자라 다른 귀족과 맺어져서 남부럽지 않게 살았을 것이다. 하지만 1911년, 그녀가 네 살 즈음에 신해혁명이 일어났다.

민중들은 부패와 무능이 가득한 청나라를 타도하고자 들고 일어나 싸웠고, 선통제 부의가 퇴위하고 민주공화국인 중화민국이 들어섰다. 즉 청나라가 망한 것이다. 비록 이런저런 문제가 많았고 망해도 이상하지 않은 지경이었지만, 그래도 300년간 있어 왔던 나라가 없어진다면 좋고 나쁜 것을 떠나 아쉬워지는 법이다. 그래서 무슨 수를 써서라도 청나라를 다시 일으켜 세워야겠다고 마음먹은 사람들이 있었는데, 그중 한 사람이 바로 요시코의 아버지 숙친왕이었다. 그리고 이것이 요시코의 인생이 나락으로 떨어지는 시발점이 되었다.

숙친왕은 북경을 탈출해서 여순으로 달아났고, 청나라 부흥을 도와줄 세력을 찾다가 일본과 손을 잡았다. 일본이 훗날 제국주의 및 대동아공영이랍시고 태평양전쟁을 벌인 역사를 생각하면 참으로 낙관적인 생각이었다. 이때 숙친왕의 고문이 된 사람이 가와시

마 나니와^{川島浪速}로, 처음 통역관으로 청나라에 왔다가 실력을 인정받아 출세했고, 이후 숙친왕과 일본과의 교섭을 담당하게 되었다.

숙친왕과 가와시마는 정치적인 목적으로 의기투합했음에도 서로 죽이 잘 맞았던 것 같다. 그래서 가와시마는 그의 자식 중 한 명을 일본으로 유학 보내라고 권했고, 숙친왕은 유학을 보내는 데 그치지 않고 당시 7살이었던 딸 현우를 가와시마에게 양녀로 보냈다.

원래 숙친왕에게는 5명의 비가 있었고, 그사이에서 아들 21명과 딸 17명, 합쳐서 38명의 자식들을 두었다. 현우는 그중 14번째 딸이었다. 자식이 그렇게 많았으니 딸 하나쯤 남에게 보내는 건 대수롭지 않은 일이었을 것도 같다. 물론 현우에게 동방의 귀한 보물이 되라며 동진^{東珍}이라는 자를 지어 주었으니 부모로서의 애정이 아주 없지는 않았을 것이다.* 어쨌거나 본인의 의사와는 아무 상관없이 가와시마에게 양녀로 가야 했고, 그러면서도 큰 활약을 바라는 숙친왕의 기대가 그녀의 인생을 망가뜨리는 또 하나의 계기가 되었다.

현우의 양아버지가 된 가와시마는 양녀에게 일본식 이름을 붙여 주었으니, 그것이 바로 요시코^{芳子}였다. 아직 어렸지만 그녀는 이미

*그녀의 중국식 이름은 진벽휘(金璧輝)였는데, 원래 벽 자는 '바람벽 벽(壁)' 자를 썼다고 한다. 그녀가 동방의 방벽이 되길 바랐던 아버지가 그렇게 지었다고 하는데, 철들고 나서 현우는 자기 이름을 '구슬 벽(璧)' 자로 바꿔 썼다.

양아버지와 친아버지의 친교, 혹은 정치적 동맹의 상징이었다.*

*가와시마는 요시코 외에도 다른 숙친왕 자녀들의 일본 유학을 주선했으며, 숙친왕 장남의 둘째 딸을 또 다른 양녀로 들이기도 했다. 그녀의 이름은 염여(廉鋁)이며, 가와시마 렌코(川島廉子)로 개명했다.

1914년, 그녀는 양아버지를 따라 일본으로 건너갔다. 도쿄 아카바네에 있는 가와시마의 집은 온갖 군인과 낭인들이 드나드는 살벌한 곳이었다. 이런 환경이 고향과 가족에게서 외따로 떨어진 어린 소녀에게 어떤 영향을 끼쳤을까.

일본에서 요시코는 소학교를 거쳐 아토미 여학교를 졸업하고 마츠모토 고등여학교에 다니게 되었다. 멸망한 나라의 황녀였으니 어쩐지 슬픔에 젖어 있었을 것도 같지만, 실상은 아니었다. 요시코는 대단히 자유분방하고 오만했으며 변덕이 심한데다 행동력이 강한 인물이었다. 말을 타고 등하교를 할 만큼 박력 있었고, 교문을 지나면서도 말에서 내리지 않았다고 한다. 단지 황족이라는 이유에서였다. 또 교생 선생을 '너'라고 부르고, 수업도 자주 빠졌으며, 교칙도 어기기 일쑤였다니 대단한 불량한 황녀였던 모양이다. 이렇게 선생님들에게는 골칫거리였는데, 정작 또래 학생들에게는 크게 인기를 끌었던 것 같다. 멸망했다고는 하나 청나라의 고귀한 황족이었으며, 게다가 선생님에게 반항하는 것이 멋있게 보일 수도 있으니까.

그러던 중 요시코가 15살이 되던 1922년에 친아버지 숙친왕이 세상을 떠났다. 요시코는 장기휴학을 하고 중국으로 가서 장례식을 치렀다. 그런데 다시 일본으로 돌아오자 학교는 요시코의 복학을 허락하지 않았다. 그도 그럴 것이 교내 질서를 어지럽히는 문제 학생이었으며, 그렇다고 처벌을 하자니 국제 문제가 생길 것도 같아 이래저래 부담스러웠던 것이다. 결국 요시코는 학교를 중퇴했다.

그로부터 불과 2년 만인 17세의 나이에 요시코는 권총으로 자살을 기도했다. 왜 그런 일을 했는지 원인은 분명하지 않지만 나흘 동안 사경을 헤매던 그녀는 간신히 살아났다. 그 뒤 요시코는 이제까지 길었던 머리를 싹둑 단발로 자르고 "이제부터 여자를 버리고 남자로 살겠다!" 하고 선언했다. 그래서인지 이후로 요시코는 자신을 지칭할 때 남자들이 쓰는 1인칭 '보쿠ぼく*'를 썼다. 그런데 이 일이 사회적으로 크게 인기를 끌었다. 남자로 살겠다는 그녀의 결의문이 신문에 실리거나, 기자들이 찾아와 인터뷰를 요청했다. 남자로 살겠다는 황녀. 게다가 요시코는 지금 보아도 훤하게 잘생긴 얼굴이었다. 이런저런 매력 덕분에 요시코는 크게 인기를 끌었으며, 또래 소녀들이 그녀를 흉내 내 머리를 자르고 패션을 따라 하기까지 했다. 한마디로 요즘의 아이돌이 된 것이다.

그런데 왜 요시코가 자살 기도와 남장을 했는지는 알 수 없다.

그럴 만한 일이 있었기에 그런 결정을 내렸겠지만, 아무도 이유를 알지 못했다. 그 당시는 물론이거니와 지금까지도 회자되는 암울한 소문에는 양아버지 가와시마가 요시코를 성폭행했기 때문이라는 이야기가 있다. 정말 그런 일이 있었다면 끔찍한 일이겠지만, 사실인지 아닌지 입증할 길은 없다.

어쨌건 요시코의 성장 환경은 평범한 것과는 거리가 멀었다. 원해서 황족으로 태어난 것도 아니고, 또 양녀가 된 것, 일본에 온 것도 본인 의사가 아니었다. 먹고사는 데 문제없이 풍족한 삶이었지만, 그녀는 항상 거래 및 이용 대상으로 다뤄졌다. 틀림없이 그녀의 인생은 그녀 것이 아니었다. 그것은 이후의 일들에서도 마찬가지였다.

20세가 되던 해, 요시코는 여순에서 몽골 장군 파프체프의 둘째 아들 칸쥬르잡甘珠爾扎布과 결혼식을 올렸다. 남자로 살겠다던 그녀가 결혼을 한 데에는 그만한 곡절이 있었다.

요시코의 친부 숙친왕은 청나라의 부활에 힘을 기울였고, 만주와 몽골이 힘을 합쳐 나라를 세워야 한다는 장대한 목표 아래 몽골의 파프체프와 연합해서 만몽 연합국의 독립을 도모했다. 하지만 일이 꼬여 파프체프는 전사했고, 숙친왕은 병으로 죽어 꿈이 희

미해졌다. 그럼에도 두 세력은 연합하고 있었고, 여기에 일본도 동참하고 있었다. 이런 배경하에 파프체프의 아들과 숙친왕의 딸 사이에 정략결혼이 성사된 것이다. 중매를 선 것은 관동군 참모총장 사이토 히사시濟藤恒였고, 결혼식은 여순의 야마토 호텔에서 치러졌다. 즉 처음부터 끝까지 정치적인, 특히 일본의 입김이 많이 들어간 결혼이었다. 만주와 몽골의 결합이었고, 일본에서 교육받았던 요시코였으니 세 정치 세력의 결탁에는 참으로 어울리는 '재료'였다. 물론 이때도 요시코 본인의 의지는 그다지 반영된 것 같지는 않다. 그녀가 남자로 살겠다고 선언한 지 고작 2년 만이었기 때문이다. 결혼식 사진에서 중국식 예복을 입은 신랑과 신부는 어느 쪽이나 훤하게 잘생겼고, 특히 신부는 곱게 차려입어 무척 아름답다. 하지만 이 결혼은 요시코에게 행복을 가져다주지 못했는지, 그녀는 3년 만에 가출하여 짧은 결혼 생활을 끝내고 만다.

이후 요시코는 상해로 가서 각종 댄스홀을 전전하며 화려한 생활을 즐기다가 새 남자친구를 사귄다. 그가 바로 상해 주재 일본 무관인 다나카 류키치田中隆吉였다. 둘은 어느새 아주 깊은 관계가 되었지만, 결혼은 하지 않았다. 이처럼 자유롭고도 방탕한 연애를 즐기는 와중, 요시코는 남친 다나카에게 이끌려 자신의 인생을 나락으로 떨어뜨리는 결정을 내린다. 바로 일본의 스파이가 된 것이다.

1932년 1월 28일, 상해에서는 훗날 상해사변[1·28사건]이라고 불리게 될 사태가 발발한다. 상해에는 일본의 조차지가 있는지라 거주하는 일본인들이 꽤 많았고, 따라서 중국인과 충돌하는 일이 많았다. 그런데 어쩌다 일본인 승려들이 중국 사람에게 마구 구타를 당하는 일이 벌어졌다. 눈에는 눈, 폭력에는 폭력인 법. 분노한 일본인들은 건물을 불태우고 중국 관원을 살해했다. 그러자 이에 맞서 상해의 중국인들이 반일 시위를 벌였다. 사태는 눈덩이처럼 커져 수많은 사람들이 죽고 다쳤다. 결국 상해 시내에 계엄령이 선포되었으며, 중국 군대(당시는 국민당)와 일본 군대가 충돌했다. 사실상 전쟁이었다. 막강한 화력과 물량을 앞세운 일본군의 거센 공격이 이어졌지만, 중국은 한 달 가까이 잘 막아 냈다. 그런데 3월이 되자 중국군은 보급이 부족한 것도 아니고 전선이 무너진 것도 아닌데 느닷없이 철수했다. 이로써 전쟁은 마침내 일본의 승리로 끝이 났다. 그 결과 일본의 입김이 무척 강해진 것은 물론, 수세에 몰린 중국은 어쩔 수 없이 만주국의 존재를 인정할 수밖에 없게 되었다.

그런데 상해사변에는 숨겨진 비밀이 있었다. 겉으로만 보면 우연한 폭력 사태가 눈덩이처럼 크게 불어난 것이었지만, 사실 이 모든 것이 일본의 철저한 각본 속에서 연출된 것이었으며, 이 드라마의 여주인공은 바로 가와시마 요시코였다. 청나라 황족의 혈통과 아름다운 미모를 지녔고, 중국어, 일본어, 영어에 능통했으며, 명석

한데다가 결혼도 하지 않았으니 나라와 국적과 나이(!)를 불문하고 그녀를 흠모하는 남자들은 많았다. 그런 그녀가 스파이가 되었으니 참으로 막강한 무기가 되었다.

스파이 요시코는 일본이 지원해 준 막강한 군자금을 써서 뒤에서 공작했고, 중국 국민당의 유력한 인물들을 유혹해서 중요한 정보를 얻어내는 한편, 유언비어를 흘렸다. 상해사변의 시발점이 된 일본인 승려들이 습격당한 사건은 요시코가 돈으로 매수한 중국인들이 벌인 일이라고 한다. 한편 요시코가 유혹한 중국 고위층 인물 중 한 명은 바로 손과科였다. 그는 '중국 건국의 아버지' 손문의 장남이었는데, 요시코는 댄스홀에서 만난 그를 잘 꾀어 장개석의 정보를 빼내 일본으로 넘겼으며, 또한 일본군이 군대를 더 보낸다는 거짓 정보를 흘려 중국군이 지지도 않았는데 상해에서 후퇴하도록 만들었다고 한다. 이 일로 손과는 장개석에게 정보 유출의 책임을 추궁당했고, 마침내는 요시코를 통해 일본의 도움을 받아 도망쳤다고 한다. 또한 전 청나라 황제 부의와 그의 황후 완용이 만주로 탈출한 데에도 요시코가 참여했다고 하며, 그렇게 탈출한 부의는 장춘에서 친척인 요시코의 양아버지 가와시마를 만나 포옹할 만큼 몹시 반가워하며 '고향에 돌아왔다'라고 말했다. 스파이로서 가와시마 요시코의 활동 기간은 고작 2년에 불과했지만, 이처럼 상해사변을 성공시킴으로써 화려한 정점을 찍었다.

이것만 봐도 스파이 요시코에게는 분명한 목표가 있었다. 세상을 떠난 아버지 숙친왕에게 물려받은 비원이자 양아버지 가와시마의 꿈이었던 황제의 나라를 되살리는 것, 즉 복벽復辟이 목표였고, 그 결과가 만주국이었다. 쫓겨났던 황제가 다시 일어나고, 만주족이 몽골과 힘을 합치고, 여기에 일본, 중국한족, 한국까지 더해 동아시아의 모든 민족이 함께 힘을 합쳐 세운 나라. 그것이 바로 오족협화五族協和, 곧 만주국의 건국이념이자 요시코가 두 아버지에게 물려받았던 원념 혹은 삶의 목표였다.

1932년 3월, 마침내 만주국이 세워졌다. 나라의 섭정이자 황제가 된 것은 일본의 도움으로 중국에서 탈출한 황제 부의였다. 요시코는 이때 건국의 공을 나름대로 인정받아 여관장女官長에 임명되었지만, 그렇게 시작된 나라의 현실은 암담했다. 만주국은 이름뿐인 나라였고, 실상은 전쟁을 벌이는 일본을 위해 천연자원을 끊임없이 대 주는 곳간에 불과했으며, 국민들은 끔찍한 굶주림에 시달리면서도 착취당해야 했다.

만주국이 얼마나 빛 좋은 개살구였는지는 나라를 운영하면서 늘 일본의 재가를 받아야 했다는 것과 당시 만주국에 이주했던 일본인의 수기에서 분명히 드러난다. 만주국의 수도 장춘 중심 시가지에는 반듯한 유럽식 건물이 지어지는 등 근사하게 꾸며졌지만, 시

가지에서 조금만 벗어나면 찢어지게 가난한 중국인들이 사는 거리가 이어졌다. 도시 군데군데 위치한 해수욕장과 근사한 오락 시설을 즐길 수 있는 것은 백인과 일본인, 친일 활동을 열심히 한 극소수의 중국인뿐이었다. 제대로 된 나라가 아닌 것이다.

만주국이 처음 들어섰을 때 그리고 일본의 관동군이 기세등등할 때 요시코는 관동군 군복이나 만주국 육군대장 제복을 입고 사진을 찍기도 했다. 하지만 그녀가 실제로 그렇게 높은 자리에 올라간 것은 아니었고, 실권도 없었다. 다만 처음 일본인의 양녀가 되어 정치적 결합의 상징이 된 것처럼, 이제는 청나라 황녀이면서도 일본 및 만주국을 위해 일하는 협력의 상징으로 이용당한 것이다. 황족의 혈통을 지니고 상당히 잘생긴 미인이었던 요시코는 프로파간다로 사용하기에 참 좋은 재료였다.

1933년 즈음, 요시코는 인기의 절정을 달렸다. 라디오 방송에 출연해서 부른 노래가 레코드로 만들어져 불티나게 팔렸고, 당시 신문들은 말을 타고 달리는 요시코의 사진들을 다투어 실으며 '동방의 잔 다르크', '동양의 마타하리'라고 떠들어 댔다. 동시에 그녀를 모델로 한 소설이 잡지 〈부인공론婦人公論〉에 연재되었는데, 제목은 〈남장 여인男裝の麗人〉이었다. 또한 〈만몽 건국의 여명満蒙建国の黎明〉이라는 영화로도 만들어졌다.

그런데 이렇게 전성기를 누리면서도 요시코의 상황은 좋지 않았다. 그즈음 다나카와 헤어지고 새 애인을 사귀었지만, 이것이 요시코의 마음에 평안을 가져다주진 못했다. 더구나 그녀가 청춘을 바쳐 세웠던 만주국은 청나라의 계보를 잇는 위대한 나라가 아닐 뿐더러 일본이 소모적인 전쟁을 잘 수행할 수 있도록 각종 천연자원을 공급해 주는 역할 이상이 아니었다. 이런 상황에 요시코 본인도 좌절한 나머지 만주국을 비판하거나 진정제에 의존했고, 관동군은 요시코를 골칫거리로 여기기 시작했다. 하지만 그녀가 너무나도 유명해지다 보니 함부로 쳐내기가 어려웠고, 요시코를 아예 암살할 계획까지 있었다고 한다. 하지만 어찌어찌하여 국외추방령을 받는 정도로 끝나게 되었다.

그렇게 만주국에서도, 관동군에서도 발붙일 데가 없어진 요시코는 쓸쓸하게 일본으로 돌아갔는데, 이것이 1936년 즈음이다. 요시코는 새로운 애인을 사귀고 동거하면서 노래 가사를 쓴다거나 방송을 하고, 모교에 강연을 나가기도 했다. 하지만 남자 복이 없었는지, 이번에는 애인이 사기죄로 피소되었다. 요시코는 애인과 헤어지고 다음 해인 1937년 다시 중국으로 돌아왔다.

한때 날렸던 스파이이자 인기인이었던 요시코는 중국에서 먹고살기 위해 천진에서 동흥루라는 중국 요릿집을 열었다. 물론 직업

에 귀천이 없는 법이고, 어떤 일이든지 나름대로 의미는 있는 법이지만, 초라한 느낌을 지울 수 없다. 또 전쟁과 굶주림으로 고통받던 많은 아시아 사람들을 생각하면 상황은 훨씬 나았지만, 애잔한 느낌이 들기도 한다.

이런 상황에 가장 비참함을 느낀 것은 요시코 본인이었을 것이다. 두 아버지의 꿈은 무참하게 무너지고, 그녀 자신은 아버지를 비롯한 모두에게 멋대로 이용당하고 마침내 버려졌으니 말이다. 이즈음에는 요시코의 평판도 굉장히 나빠져서, 원래부터 그녀와 친자매처럼 지내던 영화배우 이향란야마구치 요시코은 같이 어울리지 말라는 주변 사람들의 권고에 요시코와의 연락을 끊기도 했다.

그래도 여기까지는 괜찮다. 어쨌거나 구질구질해도 살고 있지는 않은가. 조용히 사는 것도 그렇게 나쁜 인생은 아닐지도 모른다. 하지만 세상은 그녀를 가만히 내버려 두지 않았다.

전쟁의 광기에 눈이 벌게져 수단과 방법을 가리지 않던 일본은 국제적으로 고립되었으며, 그럼에도 제정신을 못 차리고 진주만을 기습했다가 태평양전쟁이라는 제 무덤을 오롯이 파게 된다. 소소한 계책은 막대한 물량 공세 앞에서 힘을 못 쓰는 법. 전쟁이 계속되며 일본은 미드웨이, 과달카날에서 차근차근 패했다. 또한 중국에서는

장개석이 이끄는 국민당 세력이 군벌들을 하나하나 통합하고 일본에게 반격을 시작하고 있었다. 일본은 두 개의 원자폭탄을 맞고 항복했으며, 그와 함께 허수아비 만주국 역시 소리도 없이 무너져 내렸다. 그리하여 1945년 8월 15일. 종전과 더불어 가와시마 요시코는 중국군에게 한간漢奸, 즉 매국노로 체포되었다.

당시 요시코의 죄목에는 이런 것들이 있었다. 먼저 숙친왕의 딸이면서, 즉 중국 사람이면서 일본에 오랫동안 머물렀고 일본식 이름을 가졌다는 것이다. 당시에는 일본이 남경대학살 등 중국에 여러 만행을 저질렀기 때문에 이것이 스파이 활동을 했다는 죄목보다 먼저 언급될 정도였다. 또 '가짜' 만주국과 황제 부의를 위해 일했다는 죄목도 있었다. 그런데 이때 그녀의 죄를 입증할 결정적인 증거로 사용된 것이 바로 소설 〈남장 여인〉이었다. 그 소설에 묘사된 요시코의 활약이 그녀가 일본의 스파이이자 매국노로서 어떤 일을 했는지 낱낱이 증명하고 있다는 것이다. 한때 자신을 유명인으로 만들어 준 소설이 이제는 올가미가 되어 목줄을 틀어쥐고 있는 상황에서 요시코는 무슨 생각을 했을까. 어쨌든 소설 덕분에 그녀의 죄는 더욱 무거워졌다.

요시코는 일본의 편에서 중국의 정보를 빼냈으니 스파이 짓을 한 것은 맞다. 그렇다면 과연 요시코의 나라는 중국이었을까, 일본이었을까? 아니면 만주국일까? 그 당시의 국제 정세는 여기저기

꼬여 있었고, 청나라의 황족이면서 일본의 스파이였던 요시코는
그 복잡함의 결정체라고 해도 좋았다.

체포되어 수감된 이후로도 요시코는 나름 황족으로서의 면모를
잃지 않았다. 그리고 함께 수감된 다른 중국인이나 일본인들의 석
방을 위해, 자신의 무죄를 입증하기 위해 애를 썼다. 요시코가 이제
유일하게 기댈 곳은 일본의 양아버지 가와시마 나니와였다.

요시코는 양아버지에게 편지를 보내 호적등본을 보내 달라고 했
다. 그녀는 청나라에서 태어났지만 일본에서 자라고 교육받았다.
일본에 호적이 있다면, 중국에서 태어났으나 일본 사람이 되었다고
주장하는 것도 가능하다. 그렇다면 중국인이면서 일본을 위해 스파
이 짓을 한 죄목은 없어질 거라고 요시코는 생각한 듯하다.

하지만 요시코는 지나치게 낙관적이었다. 그녀의 활약 덕분에
확대된 전쟁과 중국이 입은 피해는 결코 작은 것이 아니었고, 장개
석은 상해사변과 기타 등등의 일로 가와시마 요시코에게 이를 갈
고 있었다.

게다가 일본의 양아버지는 이미 호적이 관동대지진 때 불타 버
렸다는 답장을 보냈다. 하지만 지진이 없었더라도 별로 소용이 없
었을 것이, 요시코는 일본으로 귀화한 적이 없었다. 본인이 원해서
양녀로 간 것이 아니듯, 그녀의 국적 역시 중국인 채로였다. 반면에

요시코의 조카이자 가와시마의 또 다른 양녀인 염여廉鈺는 정식으로 가와시마의 호적에 들어가 딸 가와시마 렌코川島廉子가 되어 있었다. 결국 가와시마는 요시코에게 거짓말을 한 것이다. 그 혼자서 꾸몄다기에는 편지봉투 안에 답장과 같이 들어 있던 시장의 증명서가 찝찝하다. '가와시마가 하는 말이 맞다'라고 시장이 증언해 준 내용이었는데, 시장은 가와시마의 편을 들어 거짓말을 해 준 것일까? 그렇다면 가와시마나 일본 정부는 요시코를 구할 생각이 없었던 게 아니었을까.

어쨌든 다급해진 요시코는 양아버지에게 다시 편지를 보낸다. 가와시마 가의 호적에 실려 있는 조카 렌코의 글자 '廉'을 자기 이름인 '芳' 자로 바꿔서 보내 달라는 내용이었다. 즉 호적등본을 자신의 것으로 위조해서라도 제발 살려 달라는 것이었다. 하지만 답장은 다시는 오지 않았다.

1947년 10월 22일, 요시코에게 사형 판결이 내려졌다. 전쟁 직후의 북새통이라는 걸 감안해도 꽤 빠른 판결이었고, 처형은 더 빨랐다. 어쩌면 그럴 수밖에 없었다. 카미사카 후유코가 쓴《남장 여인-가와시마 요시코전男装の麗人-川島芳子伝》에 따르면 그녀의 첫 공판은 라디오에서 방송되었다고 한다. 비록 체포당한 죄수의 몸이었지만 청나라 황족이자 일본 스파이라는 특이한 내력이 사람들의 주목을

끌었던 것이다. 하지만 이때 요시코는 자신에게 정보를 흘렸던, 바꿔 말하면 자신과 놀아났던 중국인 고관의 이름을 읊었다. 그 주인공인 손과가 아직 국민당의 높은 자리에 있었던지라 방송은 황급히 중단되었으며, 그녀의 처형 역시 앞당겨졌다고 한다. 게다가 당시 중국에서는 국민당과 공산당이 싸우는 국공내전이 한창이었는데, 차츰 모택동의 공산당이 개가를 올리면서 수세에 몰린 국민당은 나라에 해가 될 만한 인물들을 재빠르게 처리했고, 그중 하나가 바로 가와시마 요시코였다.

요시코는 항소했지만 기각되었고, 다음 해 3월 25일 북경에서 처형되었다. 권총으로 머리를 쏘는 총살형이었는데, 마지막 순간의 그녀는 몸 안에 흐르는 황족으로서의 긍지를 보여 주듯이 당당했다고 한다.

이렇게 애신각라 현우, 혹은 가와시마 요시코는 파란만장한 40년의 인생을 마쳤다. 하지만 죽은 이후의 이야기도 쓸쓸하다. 누구도 그녀의 시체를 인수하려 들지 않아서 1년 가까이 내버려져 있다가, 일본인 승려가 화장을 해서 일본으로 가져갔고, 요시코가 죽은 지 반년 뒤에 세상을 떠난 양아버지 가와시마의 곁에 묻혔다. 지금도 마츠모토 시의 정린사正麟寺에 있는 무덤 묘비에는 가와시마 부부와 요시코의 이름이 적혀 있다고 한다(가와시마 부부는 슬하에 자식이 없었다).

이야기는 여기서 끝이 아니다. 요시코가 처형당한 사진이 공개되었는데, 어떤 이유에서인지 얼굴을 드러내지 않은 것이다. 그래서 처형당한 것은 가짜고 진짜 요시코는 살아 있다는 소문이 중국과 일본에 널리 퍼졌다. 심지어 지금으로부터 십수 년 전에는 무사히 달아난 요시코가 새로운 남자와 결혼하여 낳은 딸이라고 주장하는 사람이 나오기까지 했다. 살아서도 죽어서도 남들의 입방아에 휘둘리는 인생이라니 어쩌면 이렇게 팔자가 드센 사람이 있을까.

　　가와시마 요시코의 인생은 처음부터 끝까지 참으로 갑갑했다. 태어나면서부터 타인은 물론, 피를 나눈 가족까지 그녀를 이용하려고만 들었다. 친부모도 양부모도, 애인과 직장 동료들도. 요시코는 어린 시절부터 제멋대로인 불량 학생이었지만, 그건 자신의 인생을 자기가 결정할 수 없는 사람으로서 마지막 힘을 다한 발버둥이었을지도 모르겠다. 그러다가 가출도 하고, 스파이 노릇도 하고, 마침내 자신이 저지른 죄 때문에 죽임당했다. 그녀가 나쁜 탓이었을까, 시대가 잘못된 것일까, 아니면 그녀를 이용하려 든 사람들이 나빴을까. 도저히 답을 내릴 수가 없다.

　　요시코와 친하게 지냈던 이향란의 자서전에 이런 내용이 있다. 관동군에게 쫓겨나 일본으로 떠나기 직전 요시코는 늦은 밤 이향

란의 방으로 몰래 찾아와 이런 쪽지를 남겼다.

널 이용하려는 사람들이 가득하니까, 거기에 끌려 들어가면 안 돼.
너 자신은 네가 정말 하고 싶은 것을 해. 사람에게 이용당하고 쓰
레기처럼 버려진 인간의 좋은 예가 여기에 있어. 날 잘 봐.

고귀한 핏줄을 타고난, 재기발랄하고 아름다우며 남자의 옷을
입고 다니는 여성 스파이. 하지만 화려하고 멋지기보다 초라하고
비애 가득한 인생, 그것이 바로 가와시마 요시코의 삶이었다.

2장
사회기담

中國奇談

근친도 국경도
막지 못한
금단의 사랑

제나라 양공과 문강 남매의 불륜 행각

《춘추좌씨전》은 문강과 양공의 만남을 하나하나 기록하되
한 글자를 첨부했으니,
바로 '간통할 간' 자였다.

중국 하면 유교, 유교 하면 꽉 막히고 갑갑한 느낌이 먼저 떠오른
다. 나라에 충성을 바치고, 부모에게 효도를 다할 것이며, 장자가
부모님을 계승하고, 제사를 이렇게 저렇게 지내는 등 우리가 알고
있는 모든 구닥다리가 그곳에서 기인했으니 말이다. 하지만《춘추
좌씨전》을 통해 지금으로부터 2천 년 전, 춘추전국 시대의 난상을
읽노라면 한 가지 깨달음을 얻게 된다. 아, 유교라도 있지 않았으
면 정말 안 되는 세상이었구나!

유교가 있기 전의 중국이란 인륜도, 도덕도 없는, 아니 최소한의
원칙도 없는 세상이었다. 그리하여 부모 자식과 형제자매들이 체
면이나 염치가 없이 내키는 대로 사건을 벌이곤 했다. 이를테면 이
런 식이었다. 아버지가 아들이자 후계자의 며느리를 들였는데, 그

며느릿감이 예쁘다는 이유로 시아버지가 될 자신의 첩으로 삼았다. 그러다 그사이에서 자식을 얻으면 새로운 아들을 후계자로 세우고자 기존의 후계자 아들을 죽이려 들었다. 그러면 죽임당하는 것을 피하고자 아들이 아버지를 죽이기도 했다. 또 아들이 아버지의 첩과 눈이 맞는 일도 있었고, 왕위를 노리고 형제끼리 서로 죽고 죽이는 일도 흔하게 벌어졌다. 이 모든 일이 너무나 옛날이라서 벌어졌다고 감안하더라도, 그중에서도 최악의 예가 있으니 바로 제 양공齊襄公과 그의 여동생 문강이다.

제 양공의 이름은 제아諸兒로, 제 희공의 아들이었다. 그에게는 다섯 형제자매가 있었으니 남자 형제로는 공자 규糾와 공자 소백小白이 있었고, 여자 형제로는 선강宣姜, 문강文姜, 애강哀姜이 있었다. 여기에서 말하는 '강'은 이름이 아니라 그녀들의 선조인 태공망의 성씨이다. 그러니까 강씨 세 자매라고 해야 할 것이다. 참으로 신기하게도 이들 형제자매는 진실로 역사적인 인물들이었다. 가장 유명하고도 빛나는 사람은 공자 소백으로, 비록 말년에는 실수를 했어도 제나라의 국력을 크게 발전시켰으며, 약한 나라를 돕고 질서를 바로 세웠던 패자, 위대한 제 환공이 되었다. 또한 강 자매들은 미인들이었고, 약속이라도 한 것처럼 셋 모두 가는 곳마다 파란을 일으켰으며, 그로써 나라 하나나 둘쯤은 우습게 뒤엎어졌다. 세상에 이런 막강한 자매가 또 있을까 싶을 정도다.

먼저 선강은 위^衛나라 선공의 아들 급자에게 시집을 갔다. 그런데 선강이 워낙 아름답다 보니 욕심이 난 선공은 그녀를 자신의 첩으로 삼아 버렸다. 시아버지가 며느리를 아내로 삼은 것이니 이것만으로도 기가 막힌 일인데, 이후 아들을 둘 낳은 선강은 자신의 아들을 세자로 세우려고 선공을 꼬드겨 급자를 죽여 버렸다.

이에 당연하게도 나라 사람들이 반발하여 들고 일어났다. 선강의 아들이 다음 군주인 위 혜공으로 즉위했지만 쿠데타가 일어나 쫓겨났고, 그다음으로 즉위한 위 의공, 위 대공도 어리석고 명까지 짧았다. 결국 위 문공이 등장해 간신히 수습할 때까지 나라에서는 혼란이 계속되었다. 그런데 문공은 과부가 된 선강이 위 선공의 또 다른 아들인 소백과 결혼해서 낳은 아들이었다. 결국 선강은 아들의 아내로 왔다가 아버지의 첩이 되었고, 또다시 다른 의붓아들의 아내가 되었으니 참으로 복잡한 인생이었다.

애강도 팔자가 엄청나게 사나웠다. 애강은 태어난 지 얼마 안 되어서 아직 갓난아기일 때 노나라 장공과 약혼을 했고, 나이가 차자 시집을 갔다. 그런데 장공은 애강의 언니인 문강의 아들이었다. 곧

조카와 이모가 결혼하게 된 것인데, 이는 장공의 어머니이자 애강의 언니인 문강이 강요한 탓이었다. 노 장공은 제나라라는 강대국을 무시할 수도 없고, 또 어머니가 시키니까 이모랑 결혼을 하기는 했다. 그런데 두 사람 사이에 사랑이 싹트기에는 너무나도 커다란 걸림돌이 있었다. 바로 문강이 저지른 일 때문이었는데, 이에 대해서는 이번 장에서 구구절절하게 설명할 것이다.

아무튼 그래서 애강은 남편의 사랑을 받지 못하고 쓸쓸하게 살았는데, 그러다가 남편의 동생이자 시동생인 공자 경보와 눈이 맞았다. 애강은 남편 장공이 죽은 뒤 애인을 군주로 만들고자 먼저 의붓아들이었던 태자를 죽였고, 그다음으로 즉위한 노 민공도 죽였다. 당연한 수순으로 나라는 혼란에 빠졌다. 이렇게 되니 도저히 볼 수가 없어진 제 환공이 간여하여 노나라를 안정시킨 뒤, 누이 애강에게 자결을 명했다. 비정한 명령이었지만, 나라가 그 지경으로 풍비박산이 났는데 그대로 내버려 둘 수도 없는 일이다.

이처럼 자매 두 사람이 참으로 질곡 많은 인생을 살았지만, 문강에 비할 바가 아니었다. 처음에 아버지 제 희공은 문강을 정나라 태자 홀(이후 정 소공)에게 시집보내려 했다. 당시 정나라는 희대의 명군주였던 정 장공을 만나 세력을 온 사방에 뻗고 있었고, 태자 홀은 그런 아버지에게 부끄럽지 않은 훌륭한 싹수를 보이고 있

었다. 그래서 희공은 홀을 사윗감으로 점찍은 것이었겠지만, 혼인을 거절당하고 만다. 이에 문강은 제나라와 국경을 맞대고 있던 지척의 노나라 환공에게 시집가게 되었다.

기원전 709년, 노 환공 3년 9월, 문강은 노나라로 떠나게 되었다. 그런데 시집가는 문강의 전송을 아버지 제 희공이 직접 함으로써 잡음이 일었다. 이 일에 대해 《춘추좌씨전》은 '예가 아니다'라고 못 박아 말한다. 제후의 딸이나 여자 형제가 결혼하러 타국으로 떠날 때 지켜야 할 예절이 있으니, 바로 신하가 배웅을 해야 한다는 것이다. 하지만 제 희공은 제후이면서 직접 딸을 배웅했던 것이니, 예에 어긋난 것이다. 가족끼리 배웅하는 데 뭐가 문제냐 싶고, 사소하다면 사소한 일이지만, 아무래도 《춘추좌씨전》은 뒤에 제나라에서 벌어질 엄청난 패륜의 첫 단추가 여기에서 채워졌다고 생각했던 모양이다. 아버지가 예절을 마음대로 어기니 자식들도 그 모양으로 망가진 것이라고.

어쨌든 그렇게 시집을 간 문강은 별 일 없이 잘 살면서 아들을 낳았다. 남편과 생일이 같다고 해서 이름을 동同이라 지었으니, 이 아들이 바로 다음 군주가 되는 노 장공이며, 애강의 남편이 되는 사람이었다. 그러는 동안 제 희공은 세상을 떠나고 문강의 오빠인 제아가 양공으로 즉위하였다.

노 환공 18년이자 양공이 즉위한 지 4년이 되는 기원전 694년

정월, 낙수澤水라는 강가에서 제나라와 노나라 군주끼리의 회동이 있었다. 문강은 남편인 노 환공과 함께 가서 제 양공을 만났다.

그런데 노 환공이 문강과 함께 제나라로 가려고 했을 때, 노나라 신하 한 사람申繡이 이렇게 말했다.

"여자는 집이 있고 남자에게는 아내가 있습니다.女有家 男有室 이것이 서로 얽히지 말아야 하는 것이 예절입니다. 이걸 어기면 반드시 나쁜 일이 생깁니다."

그러나 환공이 듣지 않았다. 이후의 일을 생각하면, 강력한 친정을 등에 업은 문강의 뜻을 거스를 수 없었던 것 같다. 그래서《시경》에는 문강의 나들이를 비판하는 시들이 실려 있는데, 그중 〈재구載驅〉라는 시를 보자.

수레가 빨리빨리 달리고
대나무 발에 가죽 장식이 붉다.
노나라로 가는 길이 평탄하니
제나라 딸(문강)이 저녁에 떠나네.

네 마리 검은 말이 아름답고
늘어진 말고삐는 많고 많다.
노나라 가는 길이 평탄하여

제나라 딸은 기뻐하며 즐거워한다.

문수(汶水)는 넘실대고

오가는 사람 하 많구나.

노나라 가는 길이 편안하니

제나라 딸은 마음이 들떴구나.

문수는 도도하게 흐르고

행인들이 떼 지어 다닌다.

노나라 가는 길이 평탄하니

제나라 딸은 오만하게 노는구나.

  한 번 결혼한 여자는 밖에 나가지 말고 집에 꽁꽁 묶여 있어야
한다는 것은 현대인에게 맞지 않는 이야기일 수도 있겠다. 또한 가
족이 그립고 고향이 보고 싶은 것은 인지상정이니, 친정 식구들과
만나는 게 무슨 잘못이겠는가? 하지만 문강에게는 그런 애틋한 이
유 대신 시커먼 속셈이 있었다.

  그렇게 낙수에서 만나 몇 달 동안 함께 지내면서, 양공과 문강은
이 세상의 정상적인 남매들이라면 절대로 하지 않을 방법으로 반
가워했던 것이다. 《춘추좌씨전》은 이 둘의 관계를 두고 간단하게
적고 있다.

마침내 (환공은) 문강과 함께 제나라로 갔고, (문강은) 제나라 제후와
간통했다.

遂及文姜如齊 齊侯通焉

교통 혹은 소통한다는 말로 흔하게 쓰이는 '통通' 자는 이 부분에서 참으로 엄청난 뜻을 담고 있으니, 바로 육체관계, 즉 근친상간이었던 것이다.

강씨 세 자매 중에서 패륜의 정도로 따지면 문강이 최악인 이유가 여기에 있었다. 대체 무슨 연유로 남매가 그 지경까지 갔던 걸까. 한술 더 떠 이 패륜 남매는 조심성이 별로 없었던 모양이다. 결국 모든 사실을 알게 된 노 환공이 받은 충격이란 이루 말로 표현하기 어려운 것이었다. 아내가 다른 남자와 바람이 났어도 놀랄 일인데, 상대가 다른 누구도 아닌 오빠이자 제나라의 군주였으니 말이다.

앞서 말한 대로 춘추전국 시대에는 언니의 아들과 결혼하거나 의붓아들과 결혼하는 일이 판을 치긴 했지만, 그래도 엄숙하게 지켜지는 원칙이 있었으니 바로 동성동본불혼의 원칙이었다. 같은 성씨끼리 결혼하는 것은 천벌을 받아 마땅한 일이었으며, 더구나 한 아버지를 둔 남매끼리 간통하는 것은 있을 수 없는 일이었다.

노 환공은 당연히 불같이 화를 냈고 문강을 처벌하려고 했다. 단

지 그들이 있던 곳이 남의 나라 영토였기에 자기 나라로 돌아간 뒤에 그러려고 했다. 하지만 지금 노 환공이 있는 곳의 군주는 불륜 상대이자 처형인 제 양공이었다.

노 환공이 노나라로 돌아가면 동생이자 애인인 문강이 처벌을 받게 될 것이고, 친동기간에 간음을 했던 자신의 치부가 만천하에 드러나게 된다. 그렇게 둘 수 없었던 제 양공은 공자 팽생에게 특명을 내렸다. 팽생은 환공이 수레 타는 것을 도와주는 척하다가 강하게 끌어안아 뼈를 으스러뜨려 죽였다.

이처럼 끔찍한 일이 벌어졌어도 노나라로서는 할 수 있는 게 없었다. 제나라가 노나라보다 훨씬 크고 강한 나라였고, 또 오쟁이 진 남편의 나라로서 체면이 말이 아니었기 때문일 것이다. 그리고 무엇보다도 환공이 죽은 다음 노나라 군주가 된 장공은 문강의 아들이기도 했다. 아버지가 살해당했는데 이게 어머니 때문이니 크게 일을 벌여 봤자 어떻게든 망신을 당하는 상황이었던 것이다. 그래서 노나라는 '환공이 죽은 책임을 아무도 지지 않아 나쁜 소문이 도니 팽생을 죽여 달라'라는 정도로 미적지근하게 항의했고, 제 양공은 꼬리인 팽생을 죽여 사건을 대충 무마했다. 과부가 된 문강은 후에 노나라로 돌아간 듯하며, 자신이 저지른 짓을 창피해하기는커녕 더더욱 자유롭고 즐거운 삶을 누리며 제 양공과 자주 만났다.

《춘추좌씨전》은 문강과 양공의 만남을 하나하나 기록하되 한 글자를 첨부했으니, 바로 '간통할 간姦' 자였다. 노 장공 2년에 문강은 오빠 양공을 작禚 땅에서 만났고, 4년 2월에는 아예 연회를 열어 둘이 함께 놀았다. 이듬해인 5년에도 찾아갔는데, 이때 제나라는 위衛나라를 공격하는 와중이었다. 문강은 오빠를 만나려고 전쟁터까지 따라갔던 것이다. 이 전쟁에서 크게 이긴 제나라는 노나라에 전리품을 보냈는데, 이유인즉슨 문강이 자기에게 달라고 애인 겸 오빠를 졸랐기 때문이었다.

때로는 문강이 만나자 해서, 때로는 양공이 만나자 해서 둘은 계속 함께 놀아났다. 즉 이들의 관계는 어느 한쪽의 일방적인 강요나 협박 때문이 아닌, 둘 다 똑같은 부류였기에 벌어진 일이라는 말이다. 게다가 당시 제나라는 막강했다. 따라서 주변 사람들은 물론, 아들 노 장공조차 눈치를 보며 감히 어머니와 외삼촌을 비난하지 못했다.

그래도 이런 불륜 행각에는 끝이 있었으니, 노 장공 8년 11월에 양공이 신하들에게 시해를 당한 것이다. 어느 날 사냥을 하던 양공은 성난 멧돼지를 만났는데, 이걸 보고 누군가가 "공자 팽생의 원혼이다!" 하고 외쳤다. 여기서 팽생은 양공의 명령을 수행했다가 죄를 뒤집어쓰고 죽은 바로 그 사람이다. 양공은 깜짝 놀라 달아

나다가 신발 한 짝을 잃어버렸다. 바로 그날 양공의 사촌이 주도한 쿠데타가 일어났고, 양공은 다급히 옷장 안에 숨었지만 옷장 앞에 그가 잃어버린 신발 한 짝이 홀연히 놓여 있어 반란군에게 들키고 말았다. 그리하여 마침내 처참하게 살해당했다.

그렇게 해서 남매의 근친연애는 끝났는데, 그렇다고 이 둘이 서로에게 일편단심이었던 것도 아니었다. 양공이 죽은 이후로 문강은 제나라와 거‹莒›나라를 몇 번씩 들락날락했다. 제나라의 다음 군주가 된 것은 그녀의 또 다른 형제인 환공이었고, 그래서 여전히 기세가 등등했던 모양이다. 그런데 제나라까진 그러려니 해도 거나라에 간 이유가 분명하지 않다. 다만 문강이 음욕을 누르지 못하고 거나라 의원과 간통했다는 이야기도 있다. 이때 문강은 노나라로 시집간 지 34년이 훌쩍 넘었으니, 지금으로 봐도 어느 정도 나이가 든 때였으나 그녀의 전적을 생각해 보면 불가능한 일같지는 않다.

노 장공 21년 7월 무술일, 문강은 마침내 세상을 떠났다. 쿠데타로 살해당한 오빠 제 양공과 달리 편안한 죽음이었으니 진실로 영욕으로 가득한 인생이었다.

中國奇談

지하의
해골 부대

진나라 · 조나라 **장평 전투**

수천 년 전의 일이라 실제 전쟁의 흔적은 당연히 남아 있지 않다. 하지만 사람들이 이곳의 내력을 곱씹어 온 자취는 남아 있으니, 가장 대표적인 것은 지명이다.

진 시황제의 대표적인 만행으로 일컬어지는 것은 바로 분서갱유焚書坑儒이다. 책을 불태우고 선비들을 생매장하며 황제가 원하는 것 이외의 의견을 모조리 없애 버린 가장 오래된 언론 탄압이며, 그 잔인함으로도 역사 속에서 최고를 달린다. 하지만 이제 진 시황에게 어떻게 산 사람들을 땅에 묻을 수 있냐고 따져 묻는다면, 아마 그는 고작 400명 정도 묻은 게 무슨 대수냐고 당당하게 대답할 것이다. 그도 그럴 것이, 그보다 훨씬 더 많은 사람들을 파묻은 일이 그의 나라에서 벌어졌기 때문이다.

전국 시대 말엽, 일곱 개의 나라들이 서로 아웅다웅하는 와중 진

나라는 당당하게도 '최강'이라는 타이틀을 거머쥐었다. 원래 서쪽 구석에 처박힌 뒤떨어진 시골 나라였지만, 상앙의 개혁, 곧 법가의 개혁을 통해 새롭게 탈바꿈했다. 목적을 위해 수단방법을 가리지 않는 인정사정없는 법의 나라, 그것이 진이었다. 실력이 모든 것을 말했으니 아무리 귀족이라도 전공을 세우지 못하면 굴러 떨어졌고, 반대로 아무리 천한 사람이라도 얼마든지 출세할 수 있었다.

언뜻 듣기에는 훌륭하게 느껴지지만 실상은 조금 달랐다. 성과를 위해서는 모든 것이 용인되었으니 펼쳐지는 것은 지옥도였다. 전쟁에 나가서 적의 목을 베어 오면 그 개수대로 출세하는 식이었기에 진나라는 머리 사냥으로 악명이 높았고, 당연히 진나라와 싸운 나라의 포로들은 그 처지가 비참했다.

또한 진나라 안에서도 잘라 온 머리가 네 것이니 내 것이니 치열한 싸움이 일어난 것은 물론, 무슨 수를 써서라도 출세만 하면 되니 경쟁자들의 발목을 잡기 위한 온갖 협잡이 비일비재했다. 어쨌거나 진나라는 강력해졌으니, 다른 여섯 나라를 대적하며 쓴 전략이 바로 원교근공책遠交近攻策이었다. 최초의 표적은 가까운 한나라, 위나라, 조나라였다.

기원전 265년, 진나라 소양왕은 한나라를 크게 쳐부수고 두 쪽을 냈다. 여기서 말하는 두 쪽이란 진나라 군대가 한나라 영토 한

가운데를 가로질러 점령했다는 것이다. 이렇게 되니 한나라는 체면은 둘째치고, 나라의 관리가 어렵게 되었다. 그러자 고립된 영토를 지휘하고 있던 한나라 장수 근주_{靳鉏}는 이웃 나라였던 조나라로 눈을 돌렸다. 한때 강성한 나라로 이름을 날렸던 조나라에게 힘을 더해 주면 진나라를 상대로 싸울 만하지 않을까. 이렇게 생각한 근주는 자기가 가진 땅을 조나라에 바쳤고, 조나라 효성왕은 이걸 덥석 받았다. 그래서 진나라가 조나라에게 원한을 품게 되었다고 하는데, 냉정하게 말해서 조나라가 땅을 받든 받지 않았든 언젠가 진나라는 조나라를 공격했을 것이다.

그로부터 3년 뒤인 기원전 262년, 진나라는 장군 왕흘_{王齕}을 보내 조나라를 공격했다. 왕흘은 꽤 유능한 장군이었고 상당을 점령하는 등 상당한 전과를 올린 인물이었으나, 이에 맞선 조나라의 장군은 백전노장 염파였다. 늙었다 해도 염파는 변함없는 실력을 발휘해 물밀 듯이 쳐들어가는 진나라의 군대를 장평에서 막아섰다. 소규모 충돌이 몇 번 있었고, 진나라는 조나라에게 몇 번 승리를 거두었으나 크게 손해는 입히지 못한 채 전선은 장기화되었다. 그러면 당연히 조나라에게 유리했다. 아무리 진나라가 강해도 원정 공격에는 부담이 컸다. 외국으로 끊임없이 병사들을 보내 충원하고 군량을 보급하다 보면 진이 빠지는 법이니, 그것이 바로 조나라 장군 염파가 노리던 바였을 것이다.

그러자 진나라의 재상 범수는 조나라를 안에서부터 허물기 위한 공작에 들어갔다. 첩자로 하여금 수많은 돈을 뿌려 조나라의 사람들을 매수하고 이런 소문이 돌게 했다.

진나라는 염파는 우습게 여기면서 조괄이 장군이 될까 걱정한다.

이 조괄이라는 사람이 문제의 핵심이다. 그의 아버지는 마복군 馬服君 조사趙奢로, 조나라의 명장이었다. 그 아들인 조괄은 유명한 아버지의 후광을 입고 병법을 공부하고 줄줄이 책을 외우는 것까지는 좋았는데, 오만하고 현실 감각이 없었다. 전쟁에서는 온갖 협잡과 반칙이 난무하는 법이거늘, 조괄에게는 그런 쪽으로의 응용력이 전혀 없었고 자기 고집은 절대로 굽히지 않았다. 조괄의 모자람을 가장 먼저 파악한 것은 그의 아버지인 조사였다.

"만약 나라가 너에게 직책을 맡기면 꼭 사임해라."

조사는 아들에게 이렇게 언질을 했고, 조괄의 어머니는 왕에게 제발 조괄을 장군으로 삼지 말라고 탄원했을 정도였다. 경험 부족과 미숙함은 혈기 왕성한 젊은이들이 흔히 보이는 실수지만, 나라의 운명이 위태위태한 상황에서 이런 실수는 용납되지 않았다. 그러나 효성왕은 끝내 염파 대신 조괄을 장군으로 임명했다. 이것은 효성왕의 잘못이기도 했지만, 왕의 주변에 있으면서 진나라의 뇌물을 받아먹고 입을 맞춘 조나라 신하들 탓도 있었을 것이다.

그리하여 조나라의 총대장 조괄은 한판 승부에 나섰다. 조나라는 장군을 교체하면서 20만 명의 군대를 더 파견했으니, 나라 안의 모든 장정을 총동원한 총력전이었다. 마침내 장평 전투가 시작되었다. 앞서 말했던 대로 염파는 아주 견고한 방어전을 펼치고 있었는데, 조괄은 염파와는 정반대로 총공격을 명령했다.

이 모든 것이 진나라의 계략대로였다. 진나라는 전 국력을 쏟아부어 조나라와의 전선에 투입하는 한편, 남몰래 총대장을 바꿨으니 이게 바로 백기였다. 그런데 이 백기라는 인물은 진나라의 유명한 명장이자 희대의 대량 학살마였다. 그와 대적하는 군대는 단순히 패퇴하는 것으로 끝나지 않고, 철저하게 학살당했다. 위나라와 싸운 화양 전투에서는 13만 명의 목을 베었고, 같은 해 조나라와 싸워서는 2만 명을 황하에 처넣어 죽였다. 한나라와 싸운 형성에서는 5만 명을 죽였다. 그렇다고 해서 백기가 살인을 즐기는 미친 사람이었던 것은 아니다. 그는 오히려 무서울 정도로 냉정하고 치밀했으며, 최고의 성과를 뽑아내는 무장이었다. 그런 그의 상대로 애송이 조괄이 나섰으니 승부는 뻔했다.

새롭게 시작한 전쟁은 고작 두 달도 안 되어 끝났다. 백기는 성급하게 들어오는 조괄 군대의 허리를 싹둑 잘라 보급로를 끊었고, 조나라 군대는 장평의 성에 갇힌 채 46일 동안 군량이 없어 처절하

게 굶주렸다. 조괄은 활로를 뚫어 보고자 성급하게 특공대를 이끌고 나섰지만, 포위당해 온 몸에 화살을 맞고 죽었다. 이미 조나라 군대는 먹을 게 없어 식인을 할 정도로 피폐해져 있었고, 조괄이 죽자마자 맥없이 항복을 했다.

하지만 문제가 있었다. 항복한 조나라 군대의 숫자가 너무나도 많았던 것이다. 그 수는 자그마치 40만 명에 이르렀다. 진나라로서는 이 많은 포로들을 끌고 가는 것은 둘째치고, 하루하루 먹이는 것부터 엄청난 일이었다. 게다가 진나라 역시 전쟁을 치르며 많이 지쳐 있었다. 무엇보다 백기가 상황을 보아하니 진나라가 이기긴 했지만 조나라 사람들은 진나라를 미워하고 있었고, 지금은 지치고 굶주려 힘없는 포로들이지만 조나라로 돌아가면 다시금 병사가 될 터였다.

'다 죽이지 않으면 나중에 화근이 되겠구나.'

그렇게 생각한 백기는 40만 명의 조나라 포로들을 모두 파묻어 죽였다. 盡阬殺之 살아남아서 고향에 돌아간 조나라 군대는 소년병 240명뿐이었으며, 나머지는 모두 죽임당했다.

그때의 참극을 두고 《전국책戰國策》은 이렇게 적고 있다.

백기가 40만 명을 도살하자 피가 흘러 강이 되고 울부짖는 소리가 천둥과 같았다.

《사기》에서도 이 일을 두고 '조나라 포로들을 파묻었다^坑'라고 적고 있다. 그렇다면 생매장을 했다는 것일까?

현대의 시각으로 봐도 40만이라는 엄청난 숫자에 입을 다물 수가 없다. 현재 대한민국의 육군 병력이 50만이 조금 넘는다는 것을 생각하면 더욱 그렇다. 그런데 어떻게 그만한 인원을 죽여 파묻을 수 있었을까? 또한 아무리 굶주리고 배고팠어도 왜 조나라 병사들이 저항하지 않았는지 의아하다. 《사기》에는 '백기가 그들을 속였다'라고 되어 있으나 어떻게 속였는지는 기록되어 있지 않다.

이렇듯 장평 전투는 춘추전국 시대의 수많은 전투 중에서도 가장 잔인한 싸움이었고, 이후 장평 일대는 40만 명의 생목숨이 파묻힌 역사의 땅이 되었다. 수백 년, 수천 년이 지났어도 그 무시무시한 사실은 사라지지 않았으며, 그 땅에는 이와 관련된 전설이 여전히 남아 있다.

중국 산서성 고평시. 이곳은 장평 전투가 벌어진 곳의 현재 지명이다. 구색 맞추기식으로 만든 듯한 장평 전투 유적지가 있지만, 수천 년 전의 일이라 실제 전쟁의 흔적은 당연히 남아 있지 않다. 하지만 사람들이 이곳의 내력을 곱씹어 온 자취는 남아 있으니, 가장 대표적인 것은 지명이다.

고평시 서쪽에는 속구촌谷口村이란 마을이 있다. 고작 800명 남짓이 사는 이곳은 이름보다 별명이 굉장하다. '사람을 죽이는 골짜기'라는 의미의 살곡殺谷이라고도 하고, '통곡하는 머리'라고 하여 곡두哭頭라고도 했으며, '원통함을 굽어보는 골짜기'라는 뜻의 성면곡省冤谷이라는 이름도 있었다. 이 일대의 산과 언덕의 이름도 살벌하기는 마찬가지다. 속구촌 서쪽에는 고루산骷髏山, 곧 해골산이라는 산이 있으며, 진나라 장군 백기가 잘라 낸 사람 머리를 쌓아서 만든 언덕이라는 전설이 어린 백기대白起臺도 있다.

가장 인상적인 것은 고루묘骷髏墓이다. 해석하자면 '해골의 무덤'이란 뜻인데, 이곳은 정확히 말하면 사당이다. 《고평현지高平縣志》의 기록에 따르면 이 일대에서는 장평 전투 이래로 백성들이 서로를 죽고 죽이는 살인 습속이 만연했다고 한다. 하기야 한두 사람도 아니고 그만한 인원이 몰살당했으니 원혼이 서리고도 남았을 것 같다. 그러던 중 여행을 하던 당나라 현종이 이곳에 들러 겹겹이 쌓여 있는 백골들을 보고 사당을 세웠고, 그들의 억울함을 풀어 주고자 마을의 이름을 성면곡이라고 고쳐서 지었다고 한다. 이 이야기가 사실인지는 알 수 없지만, 어쨌든 이곳에는 청나라 때 세운 고루묘가 남아 있다. 재미있는 것은 이 사당에서 모시고 있는 것이 조괄 부부의 상이라는 점이다.

살육의 흔적은 지명에만 남은 게 아니다. 속구촌과 고평의 특산

품은 두부인데, 두부로 만든 요리 중에 백기육白起肉이라는 특별한 요리가 있다. 이름 그대로 조나라 군대를 학살한 백기를 기념(?)하는 요리인데, 먹는 방법이 꽤나 재미있다. 콩비지와 생강, 달래를 한꺼번에 섞어 잠두蠶頭라는 양념장을 만드는데, 이것이 바로 백기의 으스러진 뇌와 창자를 뜻한다고 한다. 이 잠두를 따뜻한 두부와 한꺼번에 먹는데, 여기서 두부는 백기의 고기이고 양념장은 으깨진 창자를 뜻하니 곧 백기를 씹어 먹는 셈이다. 수많은 생명을 앗아간 백기에게의 증오를 담은 요리인데, 두부가 한나라 이후에 발명되었던 것을 생각하면 훨씬 후대에 만들어진 요리일 것이다.

그와는 별개로 40만이라는 숫자가 워낙 어마어마한 탓에 과장된 것이리라는 이야기가 자연스럽게 나왔다. 사실 중국 사서에 나오는 숫자들은 제일 뒤에 동그라미를 하나나 둘 더 붙인 게 아닐까 싶을 만큼 과장된 경우가 많다. 그래서 장평 전투의 실제 희생자들은 1만 명에서 3만 명쯤이 아니겠느냐는 추정이 많다. 물론 1만 명이라도 적은 숫자가 아니긴 하다.

현대에 들어서 슬금슬금 장평 전투의 고고학적인 발견이 꼬리에 꼬리를 물었다. 1980년 즈음부터 이 일대에서 전국 시대의 창, 과,

화살촉 같은 무기들이 하나둘 발견되었다. 한 번 정도는 해골이 발견되기도 했다.

　그리고 1995년 4월, 속구촌에서 북쪽으로 7킬로미터 정도 떨어진 영록향永錄鄉에서 농사일을 하던 주민이 땅을 파다가 우연히 사람 해골을 발견했다. 이것은 아주 오래전의 유골이었으며, 하나나 두 개가 아니라 어마어마한 양이 쏟아져 나왔다. 이 발견이 알려지자 학자들이 달려들어 발굴을 시작했고, 발견된 장소를 '영록 1호 시갱'이라고 이름 붙였다. '영록에서 발견된 시체를 파묻은 갱 첫 번째'라는 뜻이다. 물론 이 시체들의 신변이나 정체를 기록한 문서는 발견되지 않았지만, 굳이 증명하지 않아도 이곳은 장평 전투가 있었던 땅이다. 또한 시체들 틈에서 전국 시대의 화살촉이나 조나라와 연나라에서 쓰던 도전刀錢들이 발견되었다. 의심할 바 없이 이들은 장평 학살의 희생자들이었다. 기원전 260년에 벌어졌던 오래된 학살극은 마침내 이 시대에 들어 그 처참한 현장을 드러냈다.

　1호 갱은 길이 9미터, 폭 1미터, 깊이 1미터의 그리 크지 않은 구덩이였다. 아무렇게나 파헤쳐서 모양도 균일하지 않고 남쪽 구석의 벽은 무너져 있었다. 그 위에 덮인 흙은 고작 30센티미터 정도였으니, 밭을 갈다가 발견된 것도 당연하다면 당연한 일이었다. 그렇게 얇은 흙 이불을 덮은 채, 묘비나 표식 하나 없는 구덩이에 수

많은 백골들이 뒤엉켜 있었다. 1호 갱에 묻힌 시체의 수는 대략 130여 명에 달했다.

갱은 영록향 근처에서만 10개가 발견되었는데, 학살이 한 장소가 아니라 여러 곳에 나누어져 벌어졌다는 의미이다. 당연히 수많은 병사들을 한꺼번에 죽인다면 앞사람의 운명을 보고 죽기 살기로 저항할 테니, 소규모로 나눈 뒤 차례차례 죽였으리라. 백기가 조나라 포로들을 속였다는 게 바로 이런 방식이었을 수도 있다.

다른 갱들이 발굴되지 않아 정확하지 않지만, 단순히 산술적으로만 생각해도 최소 1,300명이 학살당했다고 추정할 수 있다. 40만 명의 학살은 역시 지나친 과장이었을까? 하지만 영록은 장평 전투 유적지와 전설이 얽힌 속구촌의 중간쯤에 있는 곳이니, 아직 발견되지 않은 갱이 훨씬 많을 것이다.

발굴된 현장을 보면 지옥이 이 지상에 나타난다면 이렇겠다 싶을 만큼 참혹하다. 내팽겨진 채 하늘을 올려다보거나, 옆으로 처박힌 채 입을 벌린 해골, 아무렇게나 너부러진 팔과 다리, 손의 뼈. 함부로 내다버린 쓰레기처럼 시체를 좁다란 구덩이에 내던지고 흙을 덮은 게 전부일 뿐이다. 매장도 아닌 매립이었다. 그나마 작은 위안이 있다면 조나라 포로들이 생매장당한 게 아니라 이미 살해당한 뒤 묻혔다는 것이다. 실제로 1호 갱 안에 있는 시체 중 절반은 머리가 없다. 아마 진나라 병사들이 공적을 증명하고자 잘라 갔기

때문일 것이다. 머리가 남아 있는 해골들도 화살촉이 허벅지 뼈에 박혔다거나 두개골에 함몰된 상처가 남아 있으며, 그보다 더 많은 골절된 흔적들과 칼에 맞은 상처들이 허다하게 발견되었다.

또한 죽은 사람들은 모두 남자였다. 20세 이하나 50세 이상의 사람도 몇 명 있지만, 대부분은 20대부터 30대까지의 젊은이였으며, 그들의 키는 평균 170센티미터였다. 모두 신체 건강한 남자들이었으니 이들은 군인이었다는 말이다. 가정과 사회의 중요한 기둥인 성인 남자들이 대거 몰살당했으니, 이후 조나라가 맥을 못 춘 것도 당연했다.

발굴 현장의 사진을 보면 마음이 먹먹해진다. 이제는 앙상한 뼈만이 남아 있지만, 2천 년 전 그날까지 이들은 모두 살아 있는 사람들이었을 터. 살이 붙어 있고, 저마다의 이름이 있고, 생각과 말을 할 수 있으며, 고향에 가족이 기다리고 있었을 것이다. 엉겁결에 전쟁에 끌려 나와 굶주림에 시달리다 항복했던 조나라 포로 중 어느 누구도 자신들이 이렇게 죽음을 맞이하리라 상상도 못했을 것이다. 장평의 학살은 사서에는 '살殺'이라는 간단한 글자 하나로 기록되었지만, 죽임당한 당사자들과 그 가족 및 친구들에게는 크고도 많은 의미를 담은 비극이었을 터이다. 비록 그들의 심경은 기록으로 남지 않았지만, 이처럼 하잘 것 없이 쌓여 있는 백골 하나하

나가 한때는 생생하게 살아 숨 쉬는 사람이었음을 생각하면, 얼마나 끔찍한 일이 벌어졌는가를 다시 한 번 깨닫게 된다.

2천 년 전의 학살은 이제 말 없는 백골의 무더기로 남았지만, 이 모든 사태를 초래한 백기의 최후도 편안하지만은 않았다. 장평 전투에서 이겨 전공을 세운 건 좋았는데, 진나라 내부에서 그를 시기한 사람들과의 정치 다툼에서 패했고, 고작 3년 뒤인 기원전 257년에 자결을 명령받았다. 죽음을 앞둔 백기는 자신이 왜 이런 일을 당해야 하느냐고 한탄하다가, 스스로 답을 내렸다.

"나는 죽어 마땅하다. 장평 전투에서 조나라의 항복한 병사 수십만 명을 속여서 모두 파묻었으니, 이건 죽어도 족한 일이다."

조나라를 비롯해 전국 각지의 사람들을 많이도 죽인 그였지만, 장평 전투에서 가장 많은 숫자를 죽였기에 떠올렸던 것일까.

이 모든 사태를 초래한 진정한 원흉인 진나라는 통일을 이룩한 뒤 빠르게 멸망했다. 인정사정없이 몰아세우는 가혹한 정치를 견디지 못한 인간들이 들고 일어섰을 때 전국 통일의 위업은 공중분해가 되었고, 진나라의 악명은 이후로 오래도록 남았다.

中國奇談

땅속에서 튀어나온
공포 소설

〈방마탄진간〉과 〈북대진간〉

무덤 주인의 책사랑 덕분에
수천 년 뒤의 사람들이 당대 생생한 이야기를 전해 듣게 되었으니,
참으로 고맙기 그지없는 일이다.

1986년 4월 이른 봄, 중국 감숙성 방마탄에 느닷없이 큰 비가 내렸다. 갑자기 내린 비에 담장이 무너지고 이곳저곳이 침수되었을 정도였다. 그런데 한 공장 직원들이 피해 상황을 살피다가 우연히 공장 뒤쪽 담장 근처에서 뻥 뚫린 구멍을 하나 발견했다. 누군가가 일부러 팠다기에는 너무나도 뜬금없고 커다란 구멍. 대체 저 안에는 무엇이 있을까? 호기심이 두려움을 이겼는지, 용감한 직원은 불빛으로 비추면서 구멍 안을 들여다봤다.

그것은 바로 2천 년 전의 무덤이었다. 왕족이나 귀족의 무덤은 아니었기에 황금 관이나 보석 목걸이같이 반짝반짝 빛나는 값진 부장품은 없었지만, 어쩌면 그보다도 몇 배는 더 값지고 재미있는 물건이 발견되었다. 400여 개에 달하는 죽간 뭉치와 낡디낡은 지도

쪼가리가 있었던 것이다. 그 지도의 재질은 다른 것이 아니라 바로 종이였다. 이제까지 후한 시대에 채륜이 발명했다고 여겨지던 종이가 사실은 그보다 훨씬 이전부터 만들어져 사용되었다는 새로운 증거였다. 이것만으로도 기존의 상식을 깨부수는 놀라운 발견이었다. 하지만 여기에서는 지도나 종이가 아니라 같이 발견되었던 죽간 뭉치의 이야기를 하려 한다.

이 무덤과 죽간은 기원전 200년, 즉 진 시황 때 만들어진 것이었다. 그래서 죽간은 '방마탄에서 발견된 진나라 시대의 죽간'이라고 해서 〈방마탄진간〉이라고 이름 붙여졌다. 그리고 이것은 중국에서, 어쩌면 세상에서 가장 오래된 공포 소설의 발견이었다.

죽간은 종이가 발명되기 이전의 물건으로, 대나무를 얇게 썰어서 평편하게 만든 뒤 그 면에 붓으로 글씨를 쓰는 것이다. 물론 대나무는 굉장히 가느다랗기 때문에 대나무 조각을 여러 개 끈으로 묶어 길게 연결해서 문서를 만들곤 했다. 때로 나무를 쪼개 만들어서 목간이라고도 했지만, 나무보다는 죽간이 훨씬 널리 사용되었다. 그런데 종이와 마찬가지로 죽간도 식물에서 나온 것이어서 쉽게 낡아 비틀어지고, 불에 잘 타며, 잘 썩기도 한다. 하지만 특별한 조건이 성립한다면, 즉 물기가 아예 없이 바싹 말리거나, 완전히

밀폐된 공간에 넣어져 공기가 통하지 않는 환경에 있다면 백 년은 물론이거니와 천 년까지도 썩지 않는다. 심지어 그 위에 쓰인 글자까지 완전하게 보존되기도 한다. 방마탄의 죽간도 바로 그런 경우였다.

그런데 이렇게 옛날의 책, 혹은 문서가 땅속에서 발견된 게 아주 없던 일은 아니었다. 지금으로부터 무려 1천 년 전에도 그런 일이 가끔 벌어졌으니 말이다. 오래된 땅속에서 튀어나온 가장 유명한 책을 들자면 공벽고문孔壁古文과 급총서汲塚書가 있을 것이다. 공벽고문은 한나라 때, 즉 지금으로부터 2천 년 전에 낡은 집을 허물다가 벽 속에 파묻힌 채 발견된 춘추전국 시대의 유교 경전들이고, 급총서는 대충 천 년 전인 서진 시대 때 급이라는 곳에서 도굴꾼이 무덤을 파던 중 튀어나온 전국 시대의 역사책들이다. 어느 것이나 느닷없으면서도 드라마틱한 발견이었다. 역사 속의 역사적인 발견이라고나 할까.

특히 급총서의 운명은 굉장히 파란만장했다. 도굴꾼은 자신의 손에 들린 대나무 쪼가리들이 무엇인지도 모른 채, 땔감 대신으로 써서 불을 붙여 태워 버렸다. 도굴된 시점을 따져도 이미 천 년이나 지난 물건이었는데, 보존 상태가 아주 좋았는지 불이 참 잘 붙었다고 한다. 만약 역사학자들이 그 현장에 있었다면 차라리 내 몸

을 태울 것이지 그건 태우지 말라고 외치며 불 속에 뛰어들었으리라. 그나마 타다 남은 죽간들을 모아 황제의 명령을 받은 당대 학자들이 책으로 정리했는데, 천 년의 세월이 흐르다 보니 지금은 그 이름만 전해지고 내용은 알 도리가 없다. 두 번이나 세상에게 잊힌 책이 되었으니, 이처럼 기구한 운명이 또 있을까.

하지만 이런 식으로 잊힌 책들이 어디 한둘이겠는가. 그래도 내용이 잊혔을지언정 이름이라도 남은 책은 그나마 팔자가 좋은 편이다. 그보다 훨씬 더 많은 책들이 이름도 없이 사라져 갔을 테니까 말이다. 그래도 어떤 책들은 그 주인의 무덤에 함께 묻혔고, 정말로 운 좋게도 썩거나 훼손되지 않은 것들이 발견되었다.

현대에 고고학의 체계가 갖춰지고 기술이 발달하면서 '땅속에 묻힌 책'들은 우르르 발견되었다. 1975년, 호북성 운몽현의 수호지睡虎地에서 출토된 〈수호지진간〉이 유명하며, 그 외에도 〈장가산한간〉, 〈거연한간〉, 〈곽점초간〉, 〈은작산한간〉, 〈포산초간〉 등 중국 각지에서 수만 장에 달하는 엄청난 양의 죽간들이 발견되었다. 이 죽간들은 이제까지 잘 알려지지 않았던 고대사의 많은 비밀들을 담고 있었고, 역사 연구에 새로운 장을 열었다.

그렇다면 〈방마탄진간〉은 어땠을까? 진나라 즈음에 이미 종이가 사용되었다는 증거가 된 방마탄지紙는 일단 뒤로 미루고, 〈방마탄진간〉에 실린 내용은 놀랍게도 공포 소설이었다. 물론 요즘 우리가 읽는 소설에 비하면 너무도 짧고 플롯도 없으니, 소설보다는 이야기라는 표현이 더 어울리겠지만 말이다. 왜 이런 걸 무덤에 넣어두었을까? 그야 무덤 주인의 취향이 아닐까.

하지만 2천 년 전 사람들이 보던 무서운 이야기가 그대로 죽간에 남아 지금의 우리가 볼 수 있게 되살아났다는 사실만으로도 신기하고, 한편으로 으스스하기까지 하다. 무엇보다도 〈방마탄진간〉에 수록된 것은 한 번 죽었다가 되살아난 사람의 이야기이다. 그런이야기가 죽은 자의 무덤 속에서 발견되었다니, 이것은 우연이라고 해야 할까 아니면 역설이라고 해야 할까.

방마탄 1호묘에서 발견된 죽간은 무려 400개에 이르며, 내용도 다양하다. 그중 무서운 이야기는 무덤 주인장의 머리맡에 놓인 7개의 죽간에 실려 있다. 그 내용을 요즘 말로 풀어 쓰면 이러하다.

옛날 옛적, 단^丹이라는 이름을 가진 사람이 있었는데, 그는 서무犀武라는 사람 밑에서 일을 하고 있었다. 어느 날 단은 다른 사람을 칼로 찔러 다치게 했는데, 잡혀서 처벌받을 것을 두려워하여 그만 자살을 했다. 그런데 진나라 시대의 법률로는 자살하는 것도 중대한 죄였다. 때문에 단의 시체는 시장 바닥에 내버려진 채 사흘간

구경거리가 된 뒤에 간신히 땅에 매장되었다.

그런데 서무는 단의 죽음이 영 억울했던 모양이다. 그래서 사명 사司命史인 공손강公孫强에게 이 일을 따졌고, 공손강은 털이 하얀 개로 하여금 단의 무덤에 구멍을 뚫게 했다. 그렇게 사흘이 지났다. 그리고 여기서 4년이 더 지나자 마침내 단이 부활했다.

왜, 어떻게 부활했는지는 알 수 없다. 이 짧디짧은 이야기에는 다른 설명이 없기 때문이다. 개가 땅을 판 게 어떤 효과가 있었는지, 왜 흰 개여야 했으며, 4년이나 걸렸는지도 알 수 없다.

하여간 그렇게 부활한 단은 원래 하던 일을 하며 먹고 살았고, 그러다 또 수명이 다해서 죽어 땅에 묻혔다. 이 모든 이야기는 단이 두 번째 죽은 지 10년째에 쓰인 것이라고 한다.

이야기는 이렇게 끝난다. 2천 년 전의 이야기에 큰 기대를 하지는 않았지만, 솔직히 시시하다. 기승전결도 없고, 매력적인 인물도 없으며, 웅장한 스케일은 더더군다나 없다. 죽은 사람을 살아나게 했던 공손강이란 사람이 누구인지도 알 수 없으며, 되살아난 단이 말한 '3년간 죽었던 경험담'은 환상적이지도, 아름답지도 않다.

단의 말에 따르면, 죽은 자들의 세상은 너무도 척박했다. 죽은 사람들은 맛있는 국도, 고기도 아무것도 먹지 않고, 옷을 안 입으니 좋은 옷도 필요 없으며, 백모白茅라는 풀을 귀하게 여긴다고 한다. 이를 보면 벌거벗은 죽은 사람들이 풀을 손에 꼭 움켜쥔 채 정

처 없이 떠도는 황량하고도 기괴한 풍경이 떠오른다. 아무 기쁨도 슬픔도 없는 허무뿐이었다고 하니 차라리 지옥이 낫지 않을까. 이 세상에서 가장 오래된 공포 소설은 이렇듯 조금 다른 방향에서 정말 무섭다.

그런데 이 이야기의 후속편 혹은 다른 버전이 똑같이 2천 년 묵은 죽간에서 발견되었다. 바로 〈북대진간^{北大秦简}〉에서였다. 〈북대진간〉의 정확한 이름은 〈북경대학장진간^{北京大学藏秦简}〉이다.

눈치 빠른 독자들이라면 이미 알아차렸겠지만, 대부분의 죽간들은 그것이 발견된 장소의 이름을 따서 명명되곤 한다. 수호지에서 발견된 진나라 시대의 죽간이라 〈수호지진간〉, 방마탄에서 나왔기에 〈방마탄진간〉이다. 따라서 〈북경대학장진간〉이라고 하니 북경대학교 부지 어딘가에서 발굴되었을까 생각할 수도 있다. 그러면 재미있겠지만, 사실 〈북대진간〉은 바다를 건너 해외에서 왔다. 2010년 홍콩을 통해 기증되었으며, 북경대학교에서 보관하게 되었기에 이런 이름이 붙여진 것이다.

그런데 말로는 기증이지만 실제로 〈북대진간〉은 어디에선가 도굴된 무덤의 부장품이 역수입된 것이었다. 그래서 어디에서, 어떻게, 누구의 무덤에서 발굴되었는지 전혀 알 수 없이 그저 새까만

진흙에 범벅이 된 채 고향 땅에 돌아온 기구한 팔자의 진간이었다.*

아무튼 방마탄의 이야기가 소설이라면 〈북대진간〉은 요약본에 가깝다. 〈북대진간〉의 이야기는 이러하다.

*학자들이 〈북대진간〉의 내용을 면밀히 읽고 지명 등 몇 가지를 토대로 분석한 결과, 이 죽간은 기원전 210년 즈음, 진 시황이 다스리고 있던 때 만들어졌다고 추정해 냈다. 그리고 앞서 소개한 〈방마탄진간〉은 그보다 30여 년 전에 만들어졌다.

태원太原이란 곳에서 어떤 사람이 죽었는데, 그 역시 3년이 지난 뒤 되살아났다. 그는 이후 함양咸陽, 당시 진나라의 수도에 왔는데, 그 역시 저승의 이야기를 했다고 한다. 이 이야기는 방마탄의 그것보다 훨씬 간단해서 죽었다 살아난 사람의 이름도, 자세한 사연도 없다. 하지만 그가 한 사후세계의 이야기만은 단이 말한 것보다 훨씬 자세했다.

첫 번째, 죽은 사람이 싫어하는 것은 가족과 친척들이 보내 준 수의라고 한다. 귀신들이 그걸 빼앗아 저승의 창고에 처박아 둔다고 하니, 차라리 없느니만 못하다는 것이다. 둘째, 무덤에 음식을 차릴 때는 곡을 해서는 안 된다. 굳이 하려면 죽은 사람이 다 먹고 난 다음에 해야 한다. 그전에 곡을 하면 귀신들이 먹을 걸 모조리 빼앗아 저승의 부엌에 보내 버리니, 그러면 아무리 산 사람이 정성을 들여 봤자 헛수고라는 것이다. 그리고 죽은 사람들의 세상에서 가장 귀중하게 여기는 것은 옷도 음식도 아닌 곡식들이라고 한다. 특히 노란 콩에 싹이 돋아나서 껍질이 쪼개진 것을 황권黃圈이라고 하는데, 이게 죽은 사람들의 세상에서는 황금으로 여겨진다는 것이다. 덧붙여 좁쌀은 돈으로써의 가치를 지니며, 방마탄에서 등장했던 백모는 죽은 사람들에게 비단의 가치로 여겨졌다고 한다.

　가장 재미있는 것은 죽은 사람들의 재혼 사정이다. 여자가 죽고 나서 3년이 지난 뒤에는 무덤을 열어서 안 되는데, 이는 죽은 여자의 영혼은 3년이 지나면 다른 죽은 남자의 영혼을 만나 인연을 맺기 때문이라는 것이다. 고로 시간이 흘러 원래 배우자가 죽어도 합장을 해서는 안 된다는 소리다. 그렇다면 남편이 먼저 죽을 경우에는 어떻게 되는지 궁금하지만, 이에 대해서는 언급되지 않았다. 죽은 여자가 혼자서 결혼하는 건 아닐 테니 죽은 남자도 알아서 제 짝을 찾았을지도 모르겠다. 어쨌거나 죽은 자들의 세상은 살아 있을 때의 인연에 그렇게 연연하지 않는 듯하다.

　〈북대진간〉이 원래 있었던 지역은 분명하게 알 수 없지만, 간독^{죽간}에서 언급된 지명을 통해 호북성의 어딘가로 추정할 수 있다. 앞서 이야기한 방마탄은 감숙성에 있으니 그나마 가까우면 가깝다고 할 수 있지만, 그래도 참 먼 곳이다. 인터넷도 전화도 없는 시기에 30년의 시차, 거리로는 1천 킬로미터 떨어진 곳에서 발견된 두 죽간에 실린 내용이 비슷하다는 것은 무엇을 의미할까?

　그런 이야기가 넓은 지역에 퍼졌고, 많은 사람들이 알고 있었기에 저마다 기록으로 남겨졌다는 것이다. 그 덕분에 수천 년이 지난

뒤에도 썩지 않은 이야기가 마침내 발견되었으니, 지금 보기에는 시시하게 여겨지고 또 잊혔을지언정 이 이야기는 당대의 베스트셀러였던 것이다.

이후의 시대에도 '죽었다 살아난 사람'의 이야기는 많이 전해진다. 또한 죽간의 이야기보다 훨씬 후대에 조금 더 세련되게 다듬어졌으니, 심지어 설화나 기담이 아니라 역사서에까지 죽었다 살아난 사람의 이야기가 실리기도 했다.

중국 25사 중 하나인 《진서晉書》에는 전조前趙의 황제 유요劉曜 시대에 죽은 지 27일 만에 살아난 사람이 있었다는 기사가 있다. 되살아난 사람의 이름은 장노張虜라고 했는데, 도굴꾼이 그의 무덤을 파헤치니 살아났다고 한다. 역사서에서는 살아난 이야기만 적고 있지만,《태평어람太平御覽》에는 후일담까지도 전한다.

장노가 되살아난 뒤 관아에서는 장노의 무덤을 파헤친 도굴꾼을 붙잡았는데, 과연 처벌을 어찌해야 할까 골머리를 앓았다고 한다. 본디 누구의 것임을 막론하고 남의 무덤을 파헤치는 것은 목을 베거나 매다는 형벌에 처할 정도로 큰 죄였다. 하지만 이 경우에는 죽은 사람이 살아나지 않았나? 나쁜 짓을 하려 했지만 한편 사람을 살린 일이기도 했다. 그리하여 관리는 고민 끝에 결국 '좋은 일

*그러나 이게 엄격한 처벌이라기에는 문제가 있었다. 이즈음 국가적인 규모의 도굴 사업이 벌어지고 있었기 때문이다. 당시 황제 유요는 사랑하던 황후가 세상을 떠나자 너무도 슬픈 나머지 이 세상에서 가장 크고 아름다운 무덤을 짓겠다고 나라를 탈탈 털었다. 하여 백성을 쥐어짜는 한편, 그들의 무덤들까지 마구 파헤쳐 천이 넘는 시체들이 내버려지고 썩어 갔다고 한다. 나라가 주도하여 도굴 사업을 공공연하게 벌인 것이니. 고작 부장품 몇 개 얻겠다고 무덤을 판 도굴꾼을 엄히 처벌한다 해서 그 시대가 제대로 된 것은 아니었다.

을 했다'는데 비중을 두었다고 한다. 그렇다고 아무 일 없이 풀어 주진 않았고, 곧장 300대에 무기징역을 내렸다. 이것이 어디를 봐서 봐준 걸까 싶지만, 그래도 죽는 것보단 낫지 않을까. 더군다나 남의 무덤을 파헤치는 일은 정말로 나쁜 일이었으니 말이다.*

역사서뿐만 아니라 기담집에는 더욱 많은 이야기가 실려 있다. 위진남북조 시대의 책인 《수신기搜神記》에는 온갖 요괴와 귀신 이야기는 물론, 죽었다 살아난 사람들의 이야기가 많이 실려 있

다. 몇 번이나 죽었다 살아났지만 이웃 사람들이 전혀 이상하게 생각하지 않았다는, 그런 점에서 더 비범한 평상생平常生이란 사람의 경우도 있고, 한 번 죽었다가 "넌 아직 죽을 나이가 아니다."라는 말을 듣고 되살아난 여인의 이야기도 있다.

이런 이야기들은 설화집이나 민담집에 실려 있으니 진짜인지 의문이 들지만, 어쨌든 죽은 사람이 되살아나는 것은 세상이 뒤집어질 만큼 크나큰 큰 사건이었다. 어느 쪽이냐 하면 곧 나라가 망하거나 재해가 일어날 불길한 징조로 여겨졌다. 그러나 굳이 의의를 찾지 않아도 옛날이야기는 이야기로 보면 된다. 재미있으면 재미있는 대로, 무서우면 무서운 대로 읽는 사람은 즐거운 법이다. 그래서인

지 현대에 들어서도 '죽었다 살아난 사람'의 소문이 크게 번진 적이
있었다.

　1973년, 장사의 마왕퇴에서 한나라 시대의 무덤이 발견되었다.
한나라 초에 살았던 어떤 제후 부인의 것으로, 단 한 번도 도굴되
지 않아 모든 부장품이 완벽하게 보존되어 있었다. 하지만 잘 보존
된 것은 보물뿐만이 아니었다. 비단 옷에 몇 겹이나 둘러싸인 부인
의 시신은 썩기는커녕 너무나도 완벽한 상태로 남아 있었다. 시신
의 새까만 머리카락 타래가 고스란히 남은 것은 물론, 피부를 꾹
누르면 쑥 들어갔다가 다시 원래대로 돌아올 정도로 탄성이 남아
있었다. 심지어 뱃속의 기생충까지 원형 그대로 있었을 정도였다.

　그런데 발굴이 진행되면서 꽤나 기괴한 소문이 나돌았다. 무덤
속에서 시체가 아니라 아주 멀쩡하게 살아 있는 고대 중국의 여인
이 나타났다고. 옛날 중국 옷을 입고 옛 머리 모양을 한 채로 무덤
에서 걸어 나왔는데, 아무도 그녀가 하는 말을 알아듣지 못했으며,
중국 역사학의 최고 대가였던 곽말약이 나서서 고대 중국어로 말
을 거니 의사소통이 되었다는 것이다. 어찌 보면 섬뜩하면서도 흥
미진진하기까지 한 소문이었다. 그래서 되살아난 무덤 속의 여자
를 구경하겠다고 전국 각지에서 수많은 사람들이 몰려들었고, 덕
분에 발굴장은 북새통을 넘어서 아수라장이 되었으며, 막무가내로

들이닥치는 사람들 때문에 병력까지 동원해 치안을 유지해야 했다. 이후 부인의 시신은 잘 방부 처리하여 박물관에서 소장하였고, 헛소문은 눈 녹은 듯이 사라졌다.

하지만 그저 겁먹은 사람들의 해프닝이라고 치부하기에는 낯익은 듯한 느낌도 든다. 죽었다 살아난 사람과 아주 오래된 무덤. 마치 〈방마탄진간〉의, 〈북대진간〉의, 더 나아가 《수신기》의 한 자락을 차지하고 있던 죽었다 살아난 사람들의 전설이 마침내 무덤의 문을 열고 마왕퇴에 불쑥 나타난 것만 같다. 그 이야기는 사람들의 무의식 속에 남아 있었던 걸까? 어쩐지 그런 것만 같다.

그런데 〈방마탄진간〉과 〈북대진간〉이 쓰인 것은 진나라 때, 우리나라에서는 단군조선 시대 즈음이다. 호랑이가 담배 밭을 갈아 씨를 뿌리고 물을 주고 있으면, 곰이 사래 긴 밭을 다 갈고 새참 먹고 있을 것만 같은 때다. 그런데 그때 만들어진 죽간을 읽고 있노라니 신화의 옷을 입고 전설의 춤을 추고 있을 것만 같은 그 시절의 사람들이 갑자기 지금의 우리처럼 살아 숨 쉬는 존재로 느껴진다. 그렇다. 천 년 전이든 2천 년 전이든 사는 건 고단하고, 싫은 일은 많았으며, 별일 없이 평범한 일상을 보내다가 어디선가 재미난 이야기 듣고 좋아하는 건 똑같다. 또 그걸 적어 두고, 두고두고 재탕해

서 다시 보기도 한다. 어디선가 들은 '별로 중요하지 않지만 내가 좋아하는' 이야기를 죽간에 썼던 2천 년 전의 사람이나, 흘러들어 온 글을 리트윗하거나 '좋아요'를 누르는 지금 사람들과 다른 점이 얼마나 있을까.

방마탄의 무덤에서 나온 단의 부활 이야기는 다른 곳도 아닌 무덤 주인의 머리맡에 꼬깃꼬깃 놓여 있었다. 왜 이 이야기가 담긴 죽간을 무덤에 넣었을까. 죽은 사람의 이야기라서? 아니면 단이 그랬던 것처럼 다시 살아나기를 바랐던 것일까? 하지만 역시 주인장이 살아생전 가장 좋아하는 이야기여서 그랬던 게 아닐까? 그는 아마도 무덤에까지 죽간을 가져 갈 정도로 글을 읽는 걸 좋아했던 사람이었으리라. 주위들은 이야기가 재미나서 죽간에 적어 넣고, 읽고, 또 읽고. 그러다 가족들에게 "그게 뭐가 재미있어!" 하는 잔소리도 듣고. 마침내는 죽어서도 버릴 수 없었던 아끼던 이야기를 베고 영원히 잠들었다. 무덤 주인의 책사랑 덕분에 수천 년 뒤의 사람들이 당대 생생한 이야기를 전해 듣게 되었으니, 참으로 고맙기 그지없는 일이다.

마찬가지로 집 책장에 '남들은 뭐하러 그걸 좋아하냐고 충고하겠지만 나에겐 무척 소중한' 책들을 가진 필자로서는 앞으로의 문제 해결에 답을 얻은 듯하다. 물론 무덤은 무척 비좁을 테니 모든

책을 다 넣을 순 없고, 역시 가장 귀하게 여기는 것들을 한 권씩만 넣어야 할 것 같다. 만약 그랬다가 천 년 뒤에 필자의 무덤이 책과 함께 발굴될지도 모르는 일이다. 자, 과연 어떤 책을 넣는 게 가장 충격적일까.

中國奇談

2천 년 전의
탐정 일지

명탐정 노나라 사유와 진나라 거여

이 자리에서 소개할 사건은 두 가지이다.
하나는 '명탐정 사유의 머리카락 낙하 사건'이고,
다른 하나는 '형사 거여의 비 오는 날의 강도 사건'이다.

아주 먼 옛날에도 사람은 살았지만, 그들의 삶은 지금 우리와 정말로 많이 달랐으리라. 세균이 무엇인지 모르고, 신의 뜻이 별과 구름에 있다고 믿었으며, 지구가 태양계의 세 번째 행성이라는 것도 몰랐다. 더운 여름에 선풍기는 고사하고 시원한 얼음물 한 잔 마실 수 없었다. 아무렇지 않게 당시 사람들이 원시적이거나, 무식이 철철 넘치고, 우악스러웠으리라고 상상하는 것이 자연스러운 일일까? 하지만 딱히 그렇지 않았다.

앞에서 죽간 이야기를 했다. 오래된 무덤에서 글자도 아닌 문서가 튀어나왔다는 사실만으로도 크게 놀랄 일인데, 그 내용을 읽어보면 더욱 놀랍다. 보존이 잘 되었다고는 해도 몇 천 년 묵어 부스러진 대나무 조각들에 꾸불꾸불 쓰인 글자들은 희미해지고, 뭉개

지기도 했으며, 더러 지금은 없는 기괴한 글자가 있기도 하다. 그러나 그 안에는 옛 사람들의 삶이 고스란히 담겨 있으니 때론 아주 오래된 흑백텔레비전으로 사극을 보는 느낌이 들기도 한다.

〈장가산한간〉은 한나라 초기, 고조 유방의 아들인 혜제의 시대, 실질적으로 여후가 지배하던 시대에 쓰인 죽간이었다. 이 중에 〈주언서〉라는 문서가 있는데, 바로 사건 수사 및 재판 기록이다. 인간이 사는 어디든 사건사고가 끊이지 않는 법. 개중에는 이게 나쁜 일인지 좋은 일인지 무 자르듯 쉽게 알 수 있을 때도 있지만, 헷갈릴 때도 많이 있다. 〈주언서〉란 바로 그런 애매모호한 일들이 벌어졌을 때 혹은 감당하기 어려운 일이 생겼을 때 상위 기관에 올리는 문서였으니, 지금 우리 기준으로 따지자면 동네나 읍에서 벌어진 사건들을 좀 더 높은 곳, 즉 시나 도로 보고하는 사건 사례였다. 정확히는 정위(廷尉)라는 관리에게 보내는 것이며, 그렇게 상부에 올라가면 과연 어떤 법률을 적용하는 게 맞는지, 무슨 형벌을 내려야 하는지를 결정했다.

〈주언서〉에 실린 사건 중 이 자리에서 소개할 것은 두 가지이다. 하나는 '명탐정 사유의 머리카락 낙하 사건'이고, 다른 하나는 '형사 거여의 비 오는 날의 강도 사건'이다. 두 사람은 모두 기상천외한 사건을 만났는데, 각각을 풀어 나가는 과정이 대조적이라 더욱

재미있다.

먼저 명탐정 사유가 해결한 머리카락 낙하 사건을 보자. 전국 시대 위나라에 나라를 다스리는 군_君이 있었다. 군의 이름은 기록되지 않았지만, 이후의 전개를 보건대 딱히 명군은 아니었을 것이라 생각된다.

어느 날 식사 시간, 위나라 군과 부인에게 떡 벌어진 상이 차려졌다. 메뉴는 불에 구운 고기_炙였는데, 큼직한 고깃덩어리를 숯불에 구운 뒤 칼로 잘게 썰어 낸 것이었다. 당시 백성에게 고기 요리는 1년에 한 번 먹을까 말까 할 만큼 귀한 음식이었으니, 요리사들은 땀을 뻘뻘 흘리며 고기를 구웠고, 하인들은 열심히 부채질을 해서 더운 공기를 식혔다.

그렇게 완성된 귀하고도 소화 잘되는 고기 밥상을 받은 군은 기쁜 마음으로 젓가락을 들고 식사를 시작했다. 그런데 그 기분은 이내 나락으로 떨어졌다. 젓가락에 기다란 머리카락이 걸린 것이다. 3촌_{9센티미터} 정도의 머리카락이 고기 위에 살포시 내려앉아 있었다.

같은 시간, 군부인 역시 화가 머리끝까지 나 있었다. 갓 지어 모락모락 김이 올라오는 밥을 받아 보니 그 위에 반 촌_{1.5센티미터}의 풀 쪼가리 하나가 떡하니 놓여 있었던 것이다. 머리카락과 풀의 길이를

군이 재어 본 듯 세세한 기록이 남아 있는 것이 흥미로운데, 이것은 어디까지나 법정 기록이었기 때문이리라.

아무튼 자신들의 식욕에 대단히 충실했던 군과 군부인은 화가 단단히 났고, 요리사와 하녀는 해야 할 일을 제대로 못했다는 이유로 처벌을 당하게 되었다. 아무래도 당시에는 귀족의 음식을 차리는 데 조금이라도 잘못이 있으면, 그것이 아무리 실수라도 죽임을 당한다는 무시무시한 법률이 있었던 것 같다.

그리하여 두 목숨이 날아가게 생겼는데, 이때 사유史獻라는 사람이 나섰다. 그의 신분은 대부였으니, 군만큼은 아니더라도 꽤 높은 신분의 귀족이었다. 그런데 그가 고작 하인들을 위해 나선 이유가 무엇일까? 사유는 점잖게 말했다.

"둘 다 무죄입니다. 그리고 하녀에겐 새 옷을 주십시오."

사유의 말은 군과 군부인을 놀라게 하기에 충분했다. 잘못이 있어 처벌을 하려는데 무죄라니?

어안이 벙벙해진 군이 이유를 묻자 사유는 아주 유려하게 이야기를 시작했다. 그는 이미 모든 현장과 증거를 수사해서 결론을 내린 다음이었다. 그것도 용의자를 두들겨 패거나 을러대어 실토하게 한 것이 아니라 범행 장소와 환경을 조사하는, 대단히 과학적인 방법으로 사건의 원인과 전개를 밝혀냈던 것이다. 그게 대단한 일인가 하는 생각이 든다면, 이 일이 적힌 문서가 2천 년 전의 것이라

는 걸 상기해 보자. 같은 장가산의 무덤에서 발견된 〈이년율령二年律令〉이 기원전 186년에 만들어졌는데, 이 이야기는 훨씬 더 전에 생긴 일이다. 그 당시에 과학수사라니 믿어지지 않겠지만 사실이다.

　기원전의 탐정 사유는 가장 먼저 머리카락이 떨어진 현장으로 추정되는 부엌을 조사했다. 이곳저곳 반짝반짝 말끔하게 청소되어 위생 상태가 훌륭했고, 칼은 날카롭게 갈려 있었으며, 머리카락도 떨어져 있지 않았다.

　다음으로 그가 조사한 것은 범행 그 자체인 고기 요리였다. 앞서 떨어진 머리카락이 9센티미터라고 했다. 그런데 썬 고기는 1.5센티미터 두께로 썰려 있었다. 그렇다면 칼이 고기는 썰었는데 머리카락은 썰지 않았다는 말이다. 그래서 사유는 실험을 하나 더 했다. 고기에 머리카락을 올려놓고 칼로 썰어 본 것이다. 그랬더니 칼은 고기도 썰고 머리카락도 썰었다. 그러니까 머리카락은 고기를 썬 사람이 흘린 것이 아니었다!

　그다음으로 고기가 구워진 현장을 조사했다. 화로에는 제일 질 좋은 숯이 채워져 있었고, 고기를 구울 만반의 준비가 되어 있었다. 두툼한 생고기를 노릇노릇 익히는데 어떻게 떨어진 머리카락 한 올이 구워지거나 타지 않고 배길 수 있단 말인가? 그럴 리 없다. 고기를 구운 사람이 머리카락을 떨어뜨렸을 리 없으니 이건 구운 사

람의 잘못도 아니었다.

그런데 사유는 여기에서 새로운 사실을 밝혀낸다. 더운 요리를 먹다 보면 당연히 그 열기 때문에 후끈후끈 더워지고, 따라서 몸을 식히고 싶어진다. 하지만 에어컨이나 선풍기가 없던 시절이니 시원해지려면 부채질을 하는 수밖에 없다. 물론 상대는 나라의 주인씩이나 되고 보니 본인이 직접 부채질을 하는 게 아니라 남에게 시켰다. 그때 사용한 것은 작은 부채가 아니라 큰 바람을 일으킬 수 있는 꽤 커다란 부채였다. 바로 그렇다. 머리카락을 날릴 수 있을 만큼 큰 부채였던 것이다. 그리고 조사해 본 결과, 군의 식탁 아래에서 2촌부터 1척까지 여러 길이의 머리카락들이 무려 6개나 발견되었다.

그래서 사유는 여기서 또다시 재현 실험을 했다. 고기를 구우며 부채를 부치게 했던 것이다. 그랬더니 정말로 머리카락 2개가 횡하고 날아올라 고기에 사뿐히 내려앉는 놀라운 결과가 나타난다. 결국 요리를 만드는 과정에는 아무 잘못이 없었으나, 부채질 때문에 머리카락이 훨훨 날아 고기 위에 내려앉았다. 그러니 요리사에게는 아무 잘못이 없었던 것이다.

이제 사유는 또 다른 현장, 즉 잡초가 발견된 밥을 받은 장소인 군부인의 방을 조사했다. 그곳은 높은 사람의 방답게 이곳저곳 대단히 잘 정돈되어 있었고, 네 벽에는 장막이 걸려 있었다. 물론 청

소도 잘 되어 있어서 잡초 하나 떨어져 있지 않았다. 그렇다면 풀은 방에서 들어가지 않았으니, 어디에서 온 것일까.

다음으로 조사한 곳은 밥을 지은 하녀의 방이었다. 별 볼 일 없이 아주 추레한 방이었는데, 침상에는 낡은 돗자리가 놓여 있었다. 그냥 낡은 게 아니라 여기저기 부서져서 풀 쪼가리가 부슬부슬 떨어질 정도였다. 더구나 하녀의 옷도 몹시 낡아 실밥이 해져 있었다. 풀은 바로 이 돗자리에서 나온 게 틀림없었다. 사유는 또다시 실험을 했다. 잠깐 돗자리 위에 앉았다가 일어나서 옷에 풀이 얼마나 붙는지 확인했던 것이다. 그랬더니 반 촌 길이의 풀 6개가 붙어 있었다. 앞의 머리카락 숫자도 그랬지만 6개라니, 낡은 옷을 이 잡듯이 뒤져 잡초 조각을 하나하나 찾아 세고 있었을 사유의 모습이 눈에 선하다. 그렇게까지 할 게 있나 싶지만 사람의 목숨이 걸린 일이니 당연하지 않은가.

하여간 하녀는 낡아 떨어진 옷을 입고 낡은 돗자리 위에서 자다 보니 온몸이 잡초투성이가 될 수밖에 없었고, 밥을 지을 때도 풀이 섞일 수밖에 없었던 것이다. 그 사실을 입증한 사유는 말했다.

"(멀쩡한 밥을 먹고 싶거든) 하녀에게 새 옷을 주십시오."

이를 들은 군은 사유의 말대로 요리사와 하녀를 무죄로 하고 옷을 내렸다. 높은 사람은 납득하고 아랫사람은 무사한데다가 선물까지 받았으니 참으로 행복한 결말이다.

두 번째 사건은 사유의 이야기보다 훨씬 현실적이며, 사건이 벌어졌던 시기도 훨씬 구체적이다.

진나라 시황 6년 6월 어느 날, 비婢라는 이름을 가진 여인이 시장을 지나 집으로 돌아가고 있었다. 그녀는 마침 지갑을 들고 있었는데, 그 안에는 1,200전이나 들어 있었다. 당시의 화폐는 반량전半兩錢이었는데, 1,200전이라고 한다면 꽤나 큰돈이었다. 그 돈을 노리고 눈이 뒤집혀도 이상하지 않을 정도로 말이다.

때마침 비가 주룩주룩 내리고 있었고, 비는 우산을 펼쳐 들고 길을 걸었다. 빗방울이 우산을 두들기는 소리가 요란했고, 길에는 오가는 사람 하나 없어 조용했다.

그러던 와중, 뒤쪽에서 발자국 소리가 들렸다. 비는 무슨 일일까 궁금했지만, 손에 든 지갑과 우산이 무거워 뒤를 돌아보지 않았다. 그런데 갑자기 '덜컥' 하고 거센 충격이 등 뒤로 들이닥쳤고, 비는 바닥에 쓰러졌다. 무슨 일이 벌어졌는지 머리로 생각하기 전에 먼저 몸이 움직였다.

"강도야!"

비가 외치자 괴한은 후다닥 사라졌으며, 지갑도 함께 사라지고 없었다. 하지만 비의 비명을 듣고 근처의 여자들이 모여들었다. 겨우 일어선 비가 사연을 설명하려던 차, 모여든 사람 중 하나가 새

파랗게 질린 얼굴로 비의 등을 가리켰다. 등에는 칼 하나가 꽂혀 있었다. 길이가 9촌27센티미터 정도로 짧았지만, 사람을 해칠 수 있는 무기라는 것은 분명했다. 다행히 상처는 그렇게 깊지 않았고, 비는 자신이 당한 모든 일을 옥리, 즉 수사반에게 증언할 수 있었다.

〈주언서〉는 이 사건을 맡아 수사한 사람들의 이름도 기록했는데, 옥사獄史인 순順, 거질去疾, 충忠 등 세 사람이었고, 이 중 순이 지휘를 하는 위치에 있었다.

이들은 먼저 피해자를 탐문했다. 가해자의 얼굴을 봤는지, 시장을 나오다가 만난 사람이 있는지를 말이다. 아쉽게도 비는 우산을 쓰고 있었기에 뒤를 돌아볼 겨를이 없어 범인을 보지 못했다. 그러자 수사관들은 비에게 혹시 가난한 친척이나 원한을 진 사람은 있냐고 물었다. 그런 사람도 없었다.

그다음은 현장 조사였다. 사건 현장 근처에 있던 회라는 여성을 탐문했지만, 그녀는 마침 병으로 누워 있던 터라 누가 왔다 갔는지 아는 바가 없다고 증언했다.

여기에서 수사는 벽에 부딪혔다. 셋이나 되는 옥리들은 쩔쩔 매고 있었고, 진척이 없자 새 인원이 투입되었다. 바로 옥사 거여라는 사람이었다. 그는 순 등과 같은 관직에 있었지만, 사건을 수사하는 열정과 번뜩이는 예지에 있어서는 그들을 훨씬 능가하는 명수사관

이었다. 그가 바로 이 이야기의 주역이다.

거여는 수사에 참여하자 곧바로 개가를 올렸으니, 바로 범행 장소 근처에 떨어져 있던 통행권 반쪽을 발견한 것이다. 비는 자신의 것이 아니라고 증언했다. 그렇다면 이것은 우연히 떨어진 물건이거나 아니면 범인과 관련된 것일 수 있었다. 옛날 옛적에 중요한 증명 서류, 이를테면 상업 거래증서나 관문을 지나가는 서류 등은 한가운데를 찢어 두 쪽으로 나눠 가지곤 했다. 그리하여 증명이 필요할 때 두 쪽을 서로 맞춰 보고 딱 맞는지 아닌지를 확인했다. 수사를 계속 해 보니 현장에 떨어진 반쪽짜리 통행권은 교역용이었다. 그래서 수사관들은 상인들을 탐문했으나, 그들은 본 적이 없는 것이라 하여 수사는 원점으로 돌아왔다.

그렇지만 거여는 포기하지 않았다. 이번에는 조사 범위를 넓혀 근처의 어린아이들과 상인들, 개인의 사노비는 물론, 관가의 노비들, 귀족 집에서 일하는 몸종에 이르기까지 모두 살피며 범인의 행적을 좇았다. 품행이 안 좋거나, 수상한 사람이 없는지도 알아봤다.

또한 먹을 것을 많이 사먹은 사람이 있는지도 알아보았다. 돈을 훔쳤으니 공돈이 생긴 것이고, 돈이 생기면 쓰고 싶어진다. 그러니 범인이 맛있는 것을 마구 사먹을 수도 있는 것이다. 요즘은 도둑질을 해서 자동차 혹은 명품까지 사는 시대이다 보니, 고작 먹을 걸 사먹는 옛날 사람들이 소박하게 보이기도 한다.

수사관들이 밤낮으로 수사한 결과, 공和이라는 남자가 용의선상에 떠올랐다. 그는 여러모로 수상했다. 사건이 벌어진 즈음에 시장에 갔다가 혼자 돌아왔으며, 주변 사람들에게 이것저것 물건을 뿌렸다. 무엇보다 검은 허리띠를 차고 있었는데, 칼은 없었지만 칼을 채우는 고리가 남아 있었다. 공은 자신은 칼을 안 차고 다닌다고 둘러댔지만, 거여는 이에 대해 공의 아내와 딸, 마부 등 주변 사람들을 심문했다. 아내와 딸은 공이 언제나 칼을 차고 다녔고, 시장에서는 차고 있었는데 어디에서 없어졌는지 알지 못한다고 증언했다. 한편 공의 마부는 공이 자신에게 하얀 가죽 칼집을 줬다며 신고했다.

"왜 칼집을 저에게 보냈는지 모르겠습니다."

하지만 공은 칼집을 보낸 적이 없다고 주장했다. 진술은 뒤얽혀 있었고, 누군가가 거짓말을 하고 있는 것이 명백했다.

그래서 거여는 비의 등을 찌른 칼을 가져와서 공이 마부에게 주었던 칼집에 꽂았다.

스르륵, 탁!

칼은 자신의 자리를 찾은 듯이 매끄럽게 들어갔다. 칼과 자루는 딱 맞는 한 쌍이었던 것이다. 당시에는 공장에서 대량생산하는 게 아니라 100퍼센트 수제였으니 세상에 똑같은 다른 짝이 있을 리 만무했다. 게다가 칼과 칼자루에는 동일하게 부서진 곳이 있었기

에 더욱 완벽히 들어맞았다. 하지만 공은 자신이 그 칼집을 마부에게 주기는 했지만 잊어버리고 있었다며 잡아뗐다.

이렇게까지 증거가 속속들이 드러났는데도 아니라고 우긴다면 남은 길은 하나뿐이었다. 거여는 공에게 차분한 목소리로 말했다.

"죽고 싶나?"

정확히 하자면 곤장을 치고 사형에 처하겠다며 협박을 한 것이다. 그러자 공은 마침내 자백을 했다. 그런데 그 내용이 꽤 전형적이었다.

공은 내내 가난했고 변변한 직업도 없었다. 그래서 먹고살기 위해 한 일이 바로 상인들의 통행권을 훔치는 일이었다. 그러던 어느날, 공은 한 여자, 즉 피해자인 비가 많은 돈을 들고 길을 가는 것을 보게 되었다. 그래서 몰래 쫓아가다가 인적이 드문 곳에 이르러 비를 칼로 찌르고 돈을 훔친 것이었다. 그러면서 이제까지 자백하지 않았던 것을 사죄했다. 여기까지만 보면 생활고에 시달린 끝에 저지른 범행이라고도 할 수 있다.

그러나 이후 공이 저지른 지능적인 행태를 보면 동정의 여지가 확 줄어든다. 자신의 범행을 숨기고자 칼집을 하인에게 준 것이니, 증거를 없애는 한편으로 남에게 누명을 씌우는 것이기도 했다. 범인은 용의주도하고 뻔뻔했지만, 수사관 거여는 그보다도 더 집요하고 투철했기에 범행이 낱낱이 드러났다. 이로써 훔쳤던 돈은 다시

회수되었고, 공은 완위성단完僞城旦이라는 무기한 유배형을 받았다.

이렇게 사건은 해결되었지만, 아직 처벌을 논의해야 할 대상이 남아 있었다. 범인 공에게 옷이나 음식 등 선물을 받았던 사람들이다. 아무것도 몰랐다고 할 수 있겠지만, 그래도 결국 장물을 취득한 것이니 처벌 대상이었다. 진나라의 법률은 이런 부분에서 꽤 엄격했다. 가족 중 누군가가 범죄를 저질렀을 경우, 가족들이 그걸 알고도 제대로 관아에 신고하지 않으면 다 같이 엄한 처벌을 받았다. 앞서 공의 가족과 하인들이 공을 감싸기는커녕, 가차 없이 진상을 말한 것도 그 때문이었다. 공이 전혀 훌륭하지 않은 가장이라 그랬을 수도 있겠지만 말이다. 하여간 그런 사람들의 처벌은 나중에 결정될 바라고 적혀 있다.

앞에서 말한 대로 〈주언서〉는 본래 상부에 보고하는 문서로, 현령이 작성한 것으로 되어 있다. 그런데 이 문서의 마지막에는 후일담과 더불어 거여의 칭찬을 적고 있다. 사건이 벌어졌을 당시 주민들이 크게 놀랐고 그래서 외출을 삼가는 등 세상이 굉장히 뒤숭숭했다고 한다. 이는 교활한 범인이 흔적을 거의 남기지 않은 탓도 있었는데, 거여가 집요하게 조사하고 연구한 끝에 마침내 범인을 잡은 것이다. 현령은 이 사건을 보고하며 어렵고 힘든 사건을 멋지게 해결한 거여에게 표창을 해 달라고 요청한 것이다. 또한 거여가

정말 발바닥에 땀나도록 뛰어다니고 들쑤신 덕분에 자칫 미제로
남을 뻔한 강도 사건이 해결됐으니, 누구라도 칭찬할 수밖에 없을
것 같다.

〈주언서〉에는 모두 23개의 사건이 실렸는데, 이번에 소개한 것
은 단 둘뿐이다. 이외에도 참 많은 재미있는 사건들이 실려 있다.
달아난 소를 주웠는데 주인은 누구이며 소를 주운 사람에게 절도
죄를 적용해야 할지의 문제, 남편이 죽고 난 뒤 부인이 남편의 관
앞에서 외간남자와 부정한 짓을 저지른 경우, 위조한 신분증으로
관리를 속여 관문을 여럿 넘어가다가 마침내 발각된 사람 등 장르
물부터 아침드라마까지 가지각색으로 펼쳐진다. 막장을 좋아하는
사람이라면 귀가 쫑긋해질 만큼의 자극적인 이야기들도 있어서,
읽다 보면 딱딱한 법률 문서라기보다는 신문 사회면이나 이야기
모음집 같기도 하다.

게다가 판례집이라고는 하나 여기서 소개한 사유의 이야기를 읽
는 사람들은 손뼉을 치며 "이거야말로 명판결이다!" 하고 시원해
하지 않을까. 당시의 과학수사로 억울한 잘못을 밝혀내고 가난하
고 힘든 사람에게 떡 하나 더 주었으니 말이다.

한편으로 거여는 세상에 해결되지 않을 사건이란 없다는 사실을

몸소 보여 준 듯하다. 그래서 절망한 사람에게 위안을 주고 겁먹은 사람을 다독여 주며 마음을 훈훈하게 한다. 그것도 그냥 두루뭉술하게 넘어가는 게 아니라 나름의 논리와 원칙이 있으니, 이 사람도 납득하고 저 사람도 인정하는 좋은 사회적 모범이 되고 있다.

그런데 이처럼 고도로 조직되고 사무 역시 합리적으로 처리되던 시대가 오로지 '진 시황의 폭정으로 신음하는 백성'으로만 상징이 되니, 이 또한 기괴하다. 어쩌면 아무리 좋은 관리가 있다고 한들, 윗사람이 글렀으면 그 사회 자체가 망한다는 이야기일까? 어쨌거나 2천 년 전의 수사 일지는 여기서 막을 내린다.

中國奇談

세상에서
가장 오래된
야반도주

한나라 사마상여와 탁문군의 사랑

사마상여가 죽은 뒤
그의 집과 글을 지키고 있었던 탁문군을 보면
둘의 사랑이 그저 헛것만은 아니었다는 생각이 든다.

옛날 옛적에 어떤 아가씨가 살았다. 그녀의 아버지가 동네에서 내
로라하는 부자였기에 아가씨는 편안하고 행복한 매일을 지냈다.

그런데 어느 날, 집에서 커다란 잔치가 벌어졌고 많은 손님들이
초대되었다. 아가씨는 무료한 나머지 문틈으로 잔치를 엿봤다. 잘
난 척하는 사람, 점잔 빼는 사람, 온갖 사람들이 북적거리며 시끄
러운 와중 그 남자가 나타났다. 머리끝부터 발끝까지 최신 패션으
로 근사하게 차려입은 그는 얼굴까지 완벽했다. 사람들의 시선이
한데 모였지만, 전혀 꿀리는 기색도 없이 자신만만했다.

사람들이 간곡하게 부탁하여 그가 거문고를 켜기 시작했을 때
놀라운 광경이 펼쳐졌다. 마치 한 마리의 봉황이 날개를 펴는 듯
하고, 용이 몸을 뒤트는 듯했다. 그의 입에서는 물 흐르는 듯이, 벼

락이 내리치듯이 아름답고도 장대한 시구가 흘러나왔다. 사람들은 홀린 듯이 듣다가 눈물을 흘리고 환호했으며, 아가씨는 남자에게 한눈에 반했다.

그날 밤, 남자는 아가씨에게 선물을 보냈다. 훌륭하고 고운 것들을 고르고 골라, 그보다 더욱 아름답고 세련된 글귀의 편지와 함께 말이다. 마침내 아가씨는 남자를 열렬하게 사랑하게 되었고, 그와 결혼하지 못할 것을 걱정할 지경에 이르렀다. 하지만 아가씨의 아버지는 당연히 어디서 굴러먹다 온 지도 모르는 남자와의 교제를 허락할 리 없었다.

그래서 아가씨는 어떻게 했을까? 용감하게도 사랑을 택했다. 그녀는 곧장 집을 박차고 나와 남자의 손을 잡고 달아났다. 야반도주를 한 것이다. 그렇게 연인은 남자의 수레에 몸을 싣고 사랑의 말을 속삭이며 강을 넘고 산을 넘어 계속 갔다.

그리고 마침내 남자의 집, 이제는 아가씨의 새 집에 도착했다. 그런데 이게 웬일인가. 그건 집이라고 하기에도 민망한 다 쓰러져 가는 폐가였다. 멀쩡한 가구도 없고, 네 벽만 달랑 있을 뿐이었다. 아가씨는 당황했지만 틀림없이 사랑하는 남자의 집이었다.

사실 남자는 처음부터 아가씨를 꾀어 내려는, 정확히는 아버지의 돈을 뜯어낼 속셈으로 그녀에게 접근한 사기꾼이었다. 그걸 깨달았을 때는 이미 늦은 뒤였다. 그렇게 땡전 한 푼 없이 거리에 나

앉은 신세가 되고 보니 꿈같은 사랑은 사라지고 이제 차디찬 현실 앞에 내동댕이쳐졌다.

어쩐지 텔레비전 드라마의 소재로 나오거나 인터넷 커뮤니티 게시판에 누군가의 하소연과 더불어 올라와서 마침내 TV 프로그램 〈사랑과 전쟁〉의 소재로 쓰일 것만 같은 사연이다. 불타는 사랑, 야반도주, 사기꾼 등 흥미진진한 요소를 다 갖추지 않았는가. 지금으로부터 2천 년 전, 사마상여와 탁문군의 스펙터클한 연애담은 이렇게 시작한다.

이 연애담이 실린 곳은 지금까지도 역사서의 모범이자 정석으로 여겨지는 사마천의 《사기》이다. 어째 엄숙해야 할 것 같은 역사서에 이런 스캔들이 실리다니 좀 어울리지 않는다는 생각도 든다. 하지만 사마천은 위대한 문인이자 이 이야기의 주인공인 사마상여의 모든 것을 기록으로 남기려 했고, 그런 와중 그의 시 만큼이나 유명한 연애 사건도 자세하게 기록한 것 같다.

어쨌든 이 덕분에 사마상여의 신상명세를 살펴볼 수 있다. 그의 어릴 때 이름은 견자犬子로, 풀어쓴다면 '개의 자식'이라는 흔하디흔한 욕설이 된다. 이런 이름을 붙인 것은 귀한 자식이라서 그랬던

것도 같다. 의술이 발달하지 않아 영아 사망률이 높았던 옛날에는 일부러 천한 이름을 붙여 오래 살기를 바라는 미신이 있었다. 그렇지만 어릴 때부터 놀림당하기에 딱 좋은 이름을 본인이 좋아할 리 없었다. 하여 견자는 춘추전국 시대 때 지략으로 유명했던 인상여藺相如를 본떠 자기 이름을 지었으니, 이미 여기서부터 자기 잘난 맛에 사는 기질이 넘친다고 하겠다.

아무튼 견자, 즉 사마상여는 어른이 되어 랑郎 벼슬을 했는데, 이는 시험에 합격하거나 천거를 받은 게 아니라 돈을 주고 산 벼슬자리였다. 그렇게 돈으로 쓸 수 있는 감투가 뭐 그리 대단했겠는가. 그는 이리저리 뺀질거리다가 무기상시武騎常侍까지 하긴 했는데, 마침내 그 벼슬을 버리고 한나라 경제의 동생 효왕의 밑으로 들어갔다. 딱히 제대로 된 일자리를 가진 게 아니라 그냥 식객이었다. 그렇다고 마냥 술과 안주만 축내며 논 것은 아니고, 생산적인 일도 했으니 바로 글을 썼다. 특히 부賦를 잘 썼는데, 친구들끼리 놀다가 〈자허부子虛賦〉를 짓기도 했다.

그렇다고는 해도 글 쓰는 재주가 쏠쏠한 벌이가 된 건 아니었다. 사마상여는 허송세월하다가 효왕이 죽자 끈 떨어진 연 신세가 되어 터덜터덜 성도에 있는 집으로 돌아왔다. 빈털털이였던 그는 돈이 한 푼도 없어 당장 살기 곤궁해졌다.

그렇게 손가락 빨고 있던 와중, 임공臨邛의 현령인 왕길王吉이란 사람과 손을 잡고 한탕 벌이려 했으니, 그게 바로 이 글 제일 처음에 이야기한 연애 사기 및 야반도주였다. 동네의 유명한 부자 탁왕손에게는 일찍 시집갔다 남편이 죽어 과부로 돌아온 딸이 있으니, 그 여자가 목표였다.

이들의 계획은 나름대로 치밀했다. 우선 왕길은 유명한 손님이 있다는 소문을 흘렸다. 이를 들은 탁왕손은 자기 집 잔치에 사마상여를 초대했다. 바람잡이 왕길은 사마상여를 극진하게 대접해 가며 분위기를 띄우고, 거문고를 켜게 했다. 사마상여의 연주 솜씨는 대단히 훌륭했으며, 멋있게 차려입어 우아하고 품위 있어 보였다. 또한 거동은 의젓했고, 얼굴까지 잘생겼다. 잔치에 모인 사람들과 탁문군이 열광한 것도 당연한 일이었다. 그런데 문제가 발생했다. 부잣집 딸을 꾀어 내긴 했는데 딸만 왔지 돈은 따라오지 않은 것이다.

이제 이야기를 계속해 보자.

황량한 집 앞에 나란히 선 두 사람은 과연 어떤 생각을 했을까. 사마상여는 차마 탁문군을 바라보지 못할 만큼 창피했을 테고, 탁문군은 어이가 없었을 것이다. 아버지에게 의절까지 당하면서 집을 박차고 따라나섰는데, 이게 무슨 꼴인가. 돈 한 푼 없이 거리에

나앉고, 굶주린 배는 꼬르륵 소리를 내는데 어떻게 영원한 사랑을 이야기할 수 있겠는가. 바람이 숭숭 통하는 집에서 보낸 첫날밤이란 아름다운 추억이기는커녕 악몽일 뿐이다. 여기까지 보면 세상 물정 모르는 철부지 아가씨와 사기꾼의 말로라고 할 수 있겠다.

그런데 탁문군은 그냥 온실 속에서 고이 자라난 화초가 아니었다. 절망에 빠져 절벽에 몸을 던지거나 속았다며 남편 머리채도 쥐어뜯지 않았으며, 다시 짐 싸들고 친정 문을 두들기며 용서를 빌지도 않았다. 그러는 대신 그녀는 현실을 향해 달렸다.

탁문군은 먼저 사마상여를 설득해서 함께 그녀의 고향인 임공으로 돌아갔다. 부부는 가장 먼저 수레를 내다 팔았고, 그녀가 집에서 도망 나오면서 싸 온 패물도 팔았다. 그리고 가진 돈을 몽땅 끌어모아 술집을 차렸다.

인근 동리를 떠들썩하게 했던 야반도주 사건의 주인공이자 근처 제일가는 부잣집의 딸이 체면 차리지 않고 술 파는 일을 시작했으니 사람들은 궁금해서라도 몰려들었을 터. 어쩌면 탁문군이 노린 게 바로 이것이었을지도 모른다.

사마상여는 글과 붓을 내팽개치고 독비곤을 입은 채 술장사를 거들었다. 독비곤은 짧은 반바지에 허리띠 하나 덜렁 맨 아주 노출도가 높은 의상이었다. 즉 사마상여도 부끄러움과 자존심을 내팽

개치고 반라 차림으로 열심히 일했다는 말이다. 탁문군도 힘든 일을 하는 건 마찬가지여서, 솥 옆에 앉아서 찾아드는 사람들에게 술을 팔았다. 한때 귀한 집 딸자식으로 곱게 큰 그녀였지만, 이제는 시장의 사내들과 대거리해서도 지지 않을 만큼 억세어졌을 터. 안타깝다고 여길 필요는 없다. 어쩌면 타고난 적성이 맞을 수도 있다. 첫눈에 반했다고 해서 집을 박차고 나올 정도로 그녀에게는 행동력이 있지 않았던가.

어쩌면 탁문군에게 있어서 난생 처음으로 자신의 삶을 결정한 것인지도 모른다. 앞서 말한 대로 그녀는 과부였고, 그녀의 아버지 탁왕손은 명예와 체면을 무엇보다 중요하게 여긴 속물이었다. 그런 아버지가 고른 신랑감은 참으로 뻔했을 테고 그래서 탁문군의 첫 결혼은 그다지 행복하지 않았을 것 같다. 그렇지 않고서야 사별했다고는 하나 전남편을 요만큼도 생각하지 않고 야반도주를 하진 않았을 테니까.

어쨌든 탁문군은 잘못을 빌기보다는 자기 선택이 옳았다는 것을 어떻게든 입증하는 길을 선택했다. 그게 비록 술장사라고 해도 말이다.

그런 탁문군 못지않게 사마상여도 대단한 사람이었다. 사마상여가 처음 탁문군에게 접근한 것은 처가의 돈을 노린 게 분명했다.

하지만 일이 뜻대로 돌아가지 않았을 때 사마상여가 악당이었다면 당연히 끈 떨어진 연 신세인 탁문군을 내버리고 모른 체했을 것이다. 하지만 그는 그러는 대신 같이 사는 길을 택했다.

그동안 변변한 직업도 없던 사마상여가 어떻게 먹고 살았을까? 바로 식객으로 남의 잔치에 가서 분위기를 띄워 주고 사례를 받는, 요즘으로 말하면 연예인과 같은 일을 해서였다. 지금도 그렇지만 연예인이란 타인의 관심으로 먹고살기에 가장 화려하고 멋진 모습만을 꾸며서 보인다. 가난하기 짝이 없던 사마상여가 탁왕손의 집에 초대받고 갈 때 근사하게 차려입었던 것도 그 때문이리라. 그런 그에게 수레란 생존의 도구 혹은 자존심 같은 것이었겠지만 사마상여는 수레를 팔아 버렸다. 그리고 일꾼 차림을 하고 거문고를 타고 글을 쓰던 손에 흙과 먼지를 묻혔다. 백수로서의 삶과 자존심을 내던지고, 탁문군과 함께 생업전선에 뛰어들었던 것이다.

운이 좋았는지, 아니면 아버지의 사업 수완을 탁문군이 물려받기라도 했는지 이 부부의 술집은 망하는 일 없이 그럭저럭 잘 굴러갔고, 소문은 더더욱 파다하게 퍼졌다. 친정아버지 탁왕손은 가출한 딸이 시장 바닥에서 술이나 팔고 있다는 소식을 듣자 너무 부끄러워 문을 닫고 집에 틀어박혔다.

그러자 가족과 친척들은 제발 돈을 줘서 집안 망신 그만 시키라고 애걸했고, 결국 자식 이기는 부모 없다는 말 그대로 탁왕손은 하인 100명과 100만금을 보내 줬다. 비로소 이들 부부는 성도의 도심 노른자위에 있는 좋은 집을 사서 이전보다 넉넉하게 살게 되었다.

이렇게 보면 사마상여는 그냥 운이 좋아 처가 덕을 봤다고 생각할 것이다. 하지만 이야기가 여기에서 끝났다면 《사기》에 이름이 실리는 일도 없었으리라.

그렇게 사마상여와 탁문군이 살림을 차리고 나서 얼마나 흘렀을까. 어느 날 낙양에서 사신이 도착했다. 어느 누구도 아닌 한나라 황제 무제가 보낸 사람이었다. 사신은 사마상여를 찾아와 뜻밖의 말을 꺼냈다. 사마상여가 오래전에 지었던 〈자허부〉 때문에 왔다는 것이다.

어느 날, 우연히도 〈자허부〉가 황제의 손에 들어갔는데, 이 글이 무제의 취향에 맞아 무제는 한순간에 팬이 되었다고 한다. 한참 칭찬을 하던 무제는 이걸 쓴 사람은 먼 옛날에 죽었을 테니 만나 보지 못한 게 아쉽다며 안타까워했다. 요즘처럼 스마트폰에 이름을 찍어서 검색할 수 있는 시대가 아니었으니 착각했던 것이다. 그런데 천만다행으로 식객 시절 같이 노닥거리던 친구 하나가 바로 그 순간 무제의 곁에 있었다.

"그 글을 지은 사람은 아직 살아 있습니다."

그 소식을 듣고 놀란 황제는 사람을 보내 사마상여를 불러오게 했다.

이렇게 황제 앞에 선 사마상여는 가진 건 하나도 없었지만 오히려 자신만만했다. 자기가 〈자허부〉를 짓긴 했지만 이 글은 제후, 곧 효왕을 위해 지은 것으로 황제의 격에는 맞지 않으니 새로운 글 〈유렵부游獵賦〉를 짓겠다고 말이다. 그동안 술집에서 일하느라 글을 짓지 않았거늘 대체 어디서 그런 자신감이 나온 것일까.

아무튼 무제는 뛸 듯이 기뻐했다. 자기가 좋아하는 작가가 자신만을 위해 맞춤형 작품을 써 준다는 데 싫어할 사람이 누가 있겠는가.

이쯤에서 사마상여의 문학 세계를 이야기해 보자. 사마상여가 즐겨 지었던 글은 부賦였다. 부는 시보다는 좀 길지만, 산문은 아니며, 적당한 운율과 이야기가 있는 글이다. 특히 사마상여의 부는 사건이 있고 등장인물끼리의 대화도 있었다. 아직 소설이나 드라마 같은 장르의 문학이 '발명'되지 않았던 2천 년 전 옛날, 드라마같이 이야기가 전개되면서 등장인물들이 대화를 나누고 티격태격하니, 대단히 화려하고 참신하고 신기한 글이라서 사람들이 좋아할 만도 했다.

그런데 그의 글에는 심각하고도 엄청난 단점이 있었으니 바로 글의 길이였다. 그것도 아주 길었던 것이다. 등장인물들끼리 대화를 하고 사건이 진행되는 와중에 묘사와 설명과 배경 소개가 끊이지 않고 이어졌다. 그냥 어디가 예쁘고 무엇이 있고 하는 정도가 아니라 산과 연못, 그곳에서 나는 특산품, 또 곳곳의 장소들을 죄다 읊어 댔으니, 결국 보다가 지쳐서 포기하고 싶어지는 만연체였다. 그것이 한나라 무제의 취향이었는지도 모르지만 말이다.

　황제의 부름을 받은 지 얼마나 되었을까. 그동안 사마상여의 실력은 녹슬지 않았는지 약속한 대로 한층 업그레이드된 〈유렵부〉를 내놓았다. 이번에도 가상의 인물들끼리 나누는 대화를 통해 초나라 땅의 아름다움을 조목조목 자랑하고, 황제와 제후가 사냥을 하는 광경을 갖은 미사여구를 동원해서 아주 화려하게 그렸다. 그리고 마무리에 이르러서는 갑자기 황제가 "지나친 사치를 부려서는 안 된다!" 하고 외치며, 사냥 묘사만큼이나 복잡하게 좋은 정치를 이야기하며 끝냈다. 이 글을 받아 본 황제는 크게 기뻐하며 사마상여에게 벼슬과 상을 내렸다.

　이후 사마상여는 글 외에 군사 분야에서도 활약한다. 황제에게 발탁되고 나서 몇 년 뒤, 사마상여의 고향인 촉 지방이 오랑캐들의 침략을 받았다. 이를 해결해야 할 무제는 그 지역에 대해 아는 게

없으니 그곳 토박이인 사마상여에게 자주 의견을 물었으며, 또 그대로 시행하기도 했다. 그러다 보니 사마상여는 격문을 쓰기도 하고, 마침내 중랑장中郞將으로 임명되어 서남이西南夷를 정벌하는 군대를 이끌고 가기까지 했다.

그가 촉 땅에 도착했으니 그것이 바로 금의환향이었다. 그의 방문을 환영하는 선두에 서 있던 것은 전날 사마상여를 구박했던 장인 탁왕손이었다.

눈엣가시 같던 사위가 황제의 총애를 받더니 높으신 분이 되어 돌아왔다. 과연 이 일을 좋다고 해야 할까 나쁘다고 해야 할까. 다행히 탁왕손은 과거 자신이 한 일을 부끄러워할 만큼 염치가 있는 사람이 아니었다. 그 지역 유지들은 사마상여에게 술과 황소를 꾹꾹 찔러 넣으며 어떻게든 환심을 사려고 애썼는데, 그 선두에 탁왕손이 있었다.

"내 딸을 좀 더 일찍 시집보낼 걸!"

사마상여와 탁문군, 그동안의 사정을 아는 사람들이 들으면 뒷목을 잡을 법한 말을 하며 탁왕손은 사위를 기쁘게 맞이했다. 그러면서 딸 탁문군에게 많은 재산을 더 나누어 줬으니, 어쨌거나 서로에게 좋은 일이었다.

이렇듯 사마상여는 잠깐 (안 어울리는) 장군 노릇도 했고, 정벌은 어쨌거나 성공했다. 서남이 정벌은 북쪽의 흉노 정벌만큼 요란하지 않았고, 그가 실제로 한 일도 별로 없었다. 무엇보다 실패할 것을 스스로 걱정한 사마상여가 특유의 문장력을 발휘해 구구절절한 변명 및 무마의 글을 올려 적당히 발을 뺀 탓에 무사할 수 있었다.

이후 사마상여는 큰 성공도, 큰 실패도 없는 관직 생활을 했다. 자주 아프다는 핑계를 대고 드러누웠다가도 황제가 사냥을 가면 꼭 참석해서 신나게 놀았으며, 때때로 글을 지어 바쳐서 황제의 마음을 달래기도 했다.

어떻게 보면 교활한 사람이었지만, 그게 사마상여가 사는 방법이었다. 원래 당뇨병이 있었던지라 몸 움직이는 것도 좋아하지 않았고, 욕심도 없었다. 높은 자리를 얻어 출세하거나 세상을 호령하는 데 관심이 없었고, 공돈으로 무위도식하는 게 인생의 목표였다.

게다가 황제의 넘치는 총애를 받아 봐야 좋을 게 없었다. 여느 황제와 마찬가지로 무제 역시 좋고 싫은 것이 너무도 분명했으니, 좋아하는 사람에게는 온 나라의 보물을 안겨 주며 총애했다가, 그 정이 식으면 내치는 것으로 끝내지 않고 일가족을 몰살시켰다. 그중에는 처남은 물론, 자신의 아들들까지 포함되었을 정도였다. 그랬던 무제의 시대를 생각하노라면, 사마상여는 황제의 애정을 받았음에도 두 발 뻗고 잘 살다가 제 명에 죽은 흔치 않은 사람이었다.

기원전 117년, 사마상여는 세상을 떠났다. 무제는 그의 죽음을 슬퍼하며 무릉茂陵에 있는 그의 집으로 사람을 보냈다. 사마상여가 죽은 뒤, 주옥같은 글들이 흩어지고 잊힐 것을 걱정한 탓이었다.

사신이 집에 도착하니 그의 부인이 집을 지키고 있었다. 부인의 이름은 적혀 있지 않지만, 이 이야기를 처음부터 본 독자라면 그녀의 이름을 알 터. 또다시 과부가 된 탁문군은 남편은 글을 쓰는 대로 남에게 주어서 남은 게 없지만, 황제의 사신이 찾아오면 전해 주라 했다면서 글 한 뭉치를 내밀었다. 당시에는 종이가 없었고 대나무를 잘라 만든 죽간에 글을 썼으니, 사마상여의 만연체를 생각하면 그것은 엄청난 분량의 죽간이었을 것이다.

마지막 편지의 내용을 요약하자면 '지금 황제가 잘 다스려 태평성대인데 왜 봉선封禪을 하지 않느냐'라는 것이다. 봉선이란 천하사해를 정복한 지도자가 그 사실을 하늘에 고하는 신성한 의식으로, 아주 먼 옛날 삼황오제나 주 무왕 같은 성인들이 했던 일이다. 게다가 이는 '자기가 옛날 성인들과 비교될 만큼 잘난 황제'라는 자기 우상화 프로젝트이기도 했다. 이 글은 무제를 제대로 자극했으니, 그는 잘 훈련받은 사냥개처럼 목표를 향해 달렸다.

그리하여 사마상여가 세상을 떠난 지 5년 뒤 무제는 후토后土에 제사를 올리고, 또 8년 뒤에 마침내 태산泰山에 올라 봉선을 했다.

한나라가 들어서고 나서 최초의 봉선이었다. 초한전쟁의 혼란을 수습하고 한나라가 중원을 지배하게 되었을 당시, 당장 먹고살기 급급했던 한나라의 첫 번째 황제 고조 유방은 감히 봉선을 생각할 수 없었다. 하지만 세월이 흘러 무제 때에 한나라는 최전성기에 달해서 흉노도 정벌하고 명실공히 중원의 주인이 되었으니 봉선이란 세기의 이벤트를 치를 만도 했다.

그렇지만 여기에 또 문제가 있었다. 황제는 봉선을 치르면서도 이걸 기록할 역사가를 데려가지 않았다. 사명감 투철한 사관은 자기가 가서 봉선의 순간을 보고 기록해야 한다고 극구 주장했지만, 영광의 순간을 혼자 즐기고 싶었던 무제는 이를 무시했다. 역사적인 순간을 놓친 사관은 화병이 들어 그예 세상을 떠나고 말았다. 하지만 죽기 직전 아들의 손을 부여잡고 '너는 제대로 역사를 기록하라'라는 유언을 남겼으니. 그렇다, 이때 죽은 사관은 사마담이었고, 그의 아들이 바로 사마천이다. 이후 사마천이 아버지의 유언을 받들고자 궁형을 받고도 《사기》를 완성했다.

사마천이 사마상여의 열전을 기록한 이유는 물론 그가 당대의 유명한 문인이라서 그런 것도 있겠지만, 어쩌면 그가 봉선을 주장한 탓도 있지 않을까. 한 번 상상을 해 보자. 사마상여가 봉선을 주장하지 않았더라면? 사마담이 화병으로 죽지 않고 더 오래 살았더라면, 어쩌면 우리는 《사기》의 저자를 사마천이 아닌 사마담으로

알고 있지 않았을까? 역사에는 가정이 없다고 하나, 가정조차도 없는 역사는 너무 심심한 법이다.

끝으로 열전에는 없는 이야기를 하나 덧붙이겠다. 이것은 《한서漢書》 등 역사서에 기록된 것은 아니고 후세 사람들이 상상해서 덧붙인 것이니, 사마상여와 탁문군의 사랑이 빛바랜 이후다.

사마상여와 탁문군이 부부의 연을 맺은 뒤 세월이 흐르고, 두 사람 모두 나이가 들었다. 그러다 사마상여는 탁문군보다 더 젊고 아름다운 여인을 찾게 되었고, 마침내 첩을 들일 생각을 하게 되었다. 그러자 이 소식을 들은 탁문군은 화를 내며 싸우는 대신 한 편의 시를 보냈다. 제목은 〈백두음白頭吟〉이라고 하니, 곧 '백발의 노래'였다.

산의 눈처럼 새하얗고

구름 사이의 달처럼 빛나네요.

듣건대 님께서 다른 뜻이 있다네요.

때문에 헤어지게 되었습니다.

皚如上山雪

皎若雲間月

聞君有兩意

故來相決絶

오늘은 술을 마시며 만나고

내일은 강가에서 하지요.

도랑 위에서 재잘거리며 걷다 보니

냇물은 동서로 흘러갔지요.

今日斗酒會

明旦溝水頭

喋躞御溝上

溝水東西流

처량하고 또 처량하지만

시집왔으니 결코 울지 않겠습니다.

바라건대 한 마음의 사람을 만났으면

백발이 되어도 헤어지지 마요.

낚싯대는 어째서 한들한들하고

물고기 꼬리는 어째서 펄떡대나요.

남자는 의리가 중요하다 하건만

어째서 돈에 부려진단 말입니까.

凄凄復凄凄

嫁娶不須啼

願得一心人

白頭不相離

竹竿何嫋嫋

魚尾何簁簁

男兒重意氣

何用錢刀爲

이 글을 본 사마상여는 마음을 다시 고쳐먹고 탁문군에게 돌아
갔다고 한다.

그런데 결론부터 말하자면, 이 이야기는 사실이 아니다. 〈백두음〉
은 작자가 분명하지 않은 후한 대의 민요이고, 이걸 사마상여와 탁
문군의 이야기에 맞춰 지어 낸 민담일 뿐이다. 만약 이런 일이 정
말 있었더라면 꼼꼼한 사마천이 빠뜨렸을 리가 없다.

그리고 개인적인 감상을 덧붙이자면 시가 어딘지 모르게 기품이
떨어지고 부족하다. 사마상여가 반해서 평생을 함께 하기로 결심
한 우아하고 현명한 탁문군의 시라면 이보다 더 애절하고 더 아름
다워야 할 것 아닌가! 좋은 글은 한글이든 한자든 영어든, 입에 착
달라붙고 마음을 움직이는 법. 이 시는 채 다듬어지지 않은 거친

감정을 그대로 내뱉고 있다.

  이 이야기가 널리 퍼지게 된 것도 이해할 수는 있다. 한때 아름답게 빛나 변치 말자고 약속을 했던 사랑이라도 시간이 지나고 나이가 들어 변하고 다른 사랑을 찾는 일이 꽤나 흔하게 벌어지니 말이다. 과연 사마상여는 새로이 첩을 들였을까? 아니면 영원한 사랑을 지켰을까? 하지만 《사기》에서 사마상여가 죽은 뒤 그의 집과 글을 지키고 있었던 탁문군을 보면 그 둘의 사랑이 그저 헛것만은 아니었다는 생각이 든다.

中國奇談

무덤 안의 사람은 웃고 있다

위나라 조조 무덤의 수수께끼

2010년 1월 29일, 중국 국가문물국은
서고혈 2호묘가 조조의 무덤이라고 공식적으로 선언했으며,
4월에는 중국 사회과학원과 중국 진한사연구회,
위진남북조사학회에서도 이를 인정했다.

아무리 훌륭하고 위대한 왕이라 한들 죽음은 피할 수 없다. 왕이 승하하면 시신은 관에 담기고, 수많은 신하와 백성의 애도 속에 능묘로 옮겨지며, 나라의 위엄에 걸맞은 값비싼 부장품들과 함께 묻힌다. 하지만 영광은 여기까지. 그런 능묘는 '반드시'라고 할 만큼 도굴꾼들이 몰려들어 파헤치곤 했다. 도굴의 목적은 당연히 왕의 묘소에 함께 넣어진 어마어마한 부장품이었다.

원시 시대부터 인간들은 죽은 이들이 다른 세계로 간다고 믿었고, 따라서 시신을 매장할 때 가져갈 물건, 죽은 사람이 직접 쓰던 무기나 도구, 읽던 책 등을 같이 묻어 주었다. 그런데 이게 왕의 스케일쯤 되면 상상을 초월하는 호화품들이 들어가게 되니 금과 은을 비롯해 악기와 제기, 왕관과 칼 등이 포함되었다. 아예 땅속에

궁전을 지어 놓은 경우도 있었다. 하지만 그것들을 몹시 필요로 하는 것은 죽은 왕이 아니라 살아 있는 가난한 사람들이었다.

그리하여 도굴의 역사는 무덤의 역사와 나란히 발전했다고 할 만큼 굉장히 오래되었다. 왕들의 무덤은 온갖 값진 금은보화가 빼곡하게 들어찬 보물창고였으니, 잘만 털면 한탕에 팔자를 고칠 수 있었다. 이것은 목숨을 걸 만큼 매력적인 위험이어서 많은 사람들은 위험을 감수하고 곡괭이를 들고 왕의 무덤을 파헤쳤다. 이집트에는 도굴을 가업으로 이어 온 이들의 마을이 있을 정도였다. 즉 얼마나 도굴이 성업했는지 보여 준다.

워낙 이익이 확실히 보장되는 일이다 보니, 개인만이 도굴을 한 것도 아니었다. 후한 시대에는 국가의 재정이 한참 위태로울 즈음 아예 전문적으로 도굴을 담당한 발구중랑장發丘中郎將과 모금교위摸金校尉라는 관직까지 있었다고 한다.

그렇게 수많은 무덤이 도굴되었다. 땅을 파헤치고, 관을 깨고, 무덤 가득히 들어 있던 망자를 위한 물건들을 끌어낸다. 값비싼 보물들은 따로 챙기고, 도자기나 가구 따위의 무겁고 부피만 큰 물건은 내팽개치고, 천금의 돈을 주고도 구할 수 없는 귀중한 문서들은 하룻밤 땔감으로 쓴다.

그런데 이렇게 무자비하게 남의 무덤을 파헤치다 보면, 언젠가 자신의 무덤도 똑같은 꼴을 당하리란 생각을 할 수도 있으리라. 이

번 이야기의 주인공인 조조가 그랬다.

조조. 성은 조曹, 휘도 조操, 자는 맹덕孟德이었던 바로 그 사람이다. 《삼국지연의》를 읽지 않은 사람이라도 그 이름을 알고 있을 만큼, 유명하고 많은 이야깃거리를 남긴 인물이다. '난세의 간웅'이라는 별명 그대로 놀랄 만큼 약삭빠르고, 잔인하며, 대의명분보다 현실을 더 사랑하고, 사탕 발린 위로의 말보다 빈 찬합을 내밀었던, 어떻게 보면 속물이고 현대에 더 어울리는 사람이다. 그런 조조이니 저승이나 내세를 믿지 않았을 것 같다. 그랬다면야 여러 악행들을 차마 저지를 수 있었겠는가. 하지만 그와는 별도로 무덤이 파헤쳐져서 끔찍한 꼴을 당하는 건 참으로 기분 나쁜 일이다. 그게 특히나 자신의 무덤이라면 말이다.

한편 앞에서 말한 두 도굴 전담 관직은 정말로 있었다기보다는, 관도대전 직전 원소가 조조를 비난하고자 돌린 격문에 소개된 내용이다. 즉 '조조는 나쁜 놈'이라고 선전하기 위한 글이니 당연히 거짓과 과장이 있었으리라. 하지만 아주 근거 없는 말은 아니었다. 언제 어떻게 망할지 모르는 혼란기에 먹고살 재정을 확보하려면 땅을 파는 수밖에 없었으니까.

아무튼 그 이후의 이야기는 《삼국지연의》를 안 읽어 봤다 해도 어렴풋이 알 만큼 유명하다. 황건적의 난부터 시작된 난세는 후한의 멸망으로 이어졌고, 천하는 조조의 위, 유비의 촉, 손권의 오, 셋으로 나누어졌다. 조조는 비록 살아 있는 동안에는 위왕魏王이었을 뿐 황제가 아니었지만, 황제를 손바닥 위에 올려놓고 나라를 쥐고 흔드는 최고 실권자였다. 그가 죽은 뒤 그의 아들 조비는 위나라의 첫 황제가 되어 죽은 아버지에게 태조무제太祖武帝라는 시호를 올렸다. 소설의 부풀림이 없더라도 조조는 분명 난세의 효웅이었고, 몇 번의 좌절에도 지지 않고 다시 성공의 발판을 딛고 일어선 대단한 인물이었다.

그런데 동시에 조조는 악인이었다. 마음대로 남을 이용하다가 버린 것은 다반사요, 순욱을 자살시키고 공융을 죽이기도 했으며, 자기에게 친절을 베푼 여백사 가족들을 몰살시킨 것도 모자라 서주에서는 대학살을 벌여 죽은 백성의 시체로 강물이 막히게까지 했다. 무엇보다 후한을 망하게 했으니, 그 나라의 충신이라면 응당 조조에게 원한을 가져 마땅했을 것이다.

그러니 조조도 죽은 다음이 걱정이었다. 동탁이 죽임당하자 저 잣거리에서 사람들이 그의 고기를 씹어 먹었던 것처럼 자기도 죽어서 같은 꼴을 당하지 않는다는 보장이 없었다. 제 아무리 내세를 믿지 않는 현실주의자라고 해도, 절대로 그런 흉한 꼴을 당하고 싶진 않았을 것이다.

내 무덤이 파헤쳐지지 않으려면 어떻게 해야 할까? 수많은 병사들을 두어 밤낮 없이 무덤을 지키게 하면 될까? 아니다. 이미 도굴된 많은 무덤들이 그렇게 해 왔다. 처음에는 효과가 있을 것 같지만, 나라는 언젠가 망하고 강한 세력도 흩어지는 법. 잘 지켜지다가 이내 흐지부지되고, 잊히며, 마침내 무방비가 된다. 그래서 제아무리 막강한 권력을 가졌던 황제들의 무덤도 도굴을 피하지 못한다. 그러면 조조는 어떻게 했을까?

죽기 3년 전 조조는 자신의 죽음을 예견했는지, 참으로 독특하되 현명한 명령을 내렸다.

"옛날 장례를 지낼 때는 꼭 척박한 땅에다 매장했다. 서문표의 사당 서쪽 언덕을 수릉으로 하고 높은 곳에 터를 잡아 봉분을 만들지 말고 나무도 심지 마라. …… 공경과 대신들, 장수들 중에서 공이 있는 자는 내 무덤의 곁에 안장하도록 하고, 그 넓이를 크게 잡아서 묘역으로 삼기 충분하도록 해라."

이것만으로도 여러 가지 생각할 거리를 던져 준다. 중국 역대 황제나 왕들은 살아서 정치를 못했던 이들조차 무덤만큼은 휘황찬란하게 조성했다. 기나긴 세월 동안 훼손된 덕분에 고작 76미터만 남아 버린 거대한 흙산이 있는 진 시황릉이 대표적이고, 다른 역대

황제들의 무덤 역시 돌을 깎아 만든 각종 짐승상이나 커다란 비석을 세워 놓았다.

하지만 조조는 화려하고 으리으리한 것은 필요 없고, 높이 쌓지 말고 그냥 매장하라고 명한 것이다. 그러면 굉장히 수수한 무덤이 되겠지만, 조조는 바로 그것을 노렸을 터이다. 다만 신하들을 자기 무덤 주변에 묻어 달라는 명령이 재미있다. 유별날 정도로 인재를 수집하던 게 취미였던 사람이었으니 죽어서까지도 그들을 곁에 두고 싶었던 것 같다. 어쨌든 봉분도 없이 무덤을 만들라고 한 그의 명령은 수천 년이 지난 지금 보아도 굉장히 파격적이다.

조조가 세상을 떠난 건 220년, 그의 나이 66세 때였다. 끊임없는 두통에 시달리며 아팠던 것치고는 장수한 편이었는데, 그의 죽음은 무척이나 탐냈던 사람, 관우의 죽음 이후 그리 오래 지나지 않은 때였다. 덕분에 목이 잘린 관우가 눈을 굴려 조조에게 인사하여 놀라 죽은 것이라는 전설도 생겼다. 조조가 살아서 마지막으로 내린 명령은 다음과 같았다.

"천하가 아직 안정되어 있지 않으니, 굳이 옛 것을 따를 필요는 없다. 장례가 끝나면 모두 상복을 벗고, 전쟁터에 나가 있는 장병들은 모두 그 자리를 떠나지 말고 관리들은 모두 하던 일에 계속 종사해라. 시신을 염할 때는 평상복으로 하고 무덤에 금은보화를

넣지 마라."

참으로 실속 넘치는 명령이다. 내가 죽건 말건 세상은 돌아가니 멈추지 말고 그대로 가라는 말이니까. 가진 것 없는 필부가 하는 말이라도 기이할 텐데, 하물며 나라의 권력을 모두 쥔 권신이 한 말이다. 손에 쥐고 있는 것이 많은 만큼 집착도 아쉬움도 클 텐데, 죽음 앞에서 이렇게나 초연할 수 있는 사람이 또 있을까. 현대인들도 값비싼 수의와 관은 물론이거니와 화환이 몇 개 오느냐를 따지고 또 따져서 피폐해지곤 한다. 그런데 그는 과감하게도 이 문제를 끊어 버렸다. 더군다나 무덤 안에 값비싼 것을 넣지 말라는 명령이 눈길을 끈다. 그렇다면 낭비가 없기도 하거니와 도굴꾼이 힘들여서 무덤을 팔 이유도 없어지니 확실히 현명한 결정이다. 인물은 확실히 인물이다.

장례는 조조의 명령대로 14일 만에 서둘러 치러졌다. 그가 죽은 곳은 낙양이었지만, 시신은 지금의 하북성 임장현인 업성으로 옮겨져 매장되었다. 이후 그의 무덤 위치는 잊혔고, 수천 년 동안 집요한 도굴꾼들과 학자와 삼국지 팬들의 수색에도 위치가 밝혀지지 않았다. 마치 망각의 마법이라도 부린 것처럼 말이다.

그 때문인지 어느새 《삼국지연의》를 통해 72허묘의 전설이 만들

어졌다. 조조가 자신의 진짜 무덤을 숨기고자 71개의 가짜 무덤을 만들었다는 이야기이다. 매장을 할 때 업성의 모든 문이 열리고 모든 곳에서 상여가 나갔다던가. 물론 하나만 진짜고 나머지는 가짜였다. 상여만 여럿 만든 게 아니고 무덤도 잔뜩 만들어 두었기에 도굴꾼들이나 조조에게 원한을 가진 자들은 속절없이 가짜에 낚이고 진짜 무덤은 알 수 없어졌다. 제대로 꾸며 낸 옛날 이야기 같으면서도 너무나도 간웅다운 계략이란 생각이 든다.

하지만 그럴 리는 없는 것이, 무덤을 72개 만드는 것 자체가 엄청난 낭비요, 무리한 일이다. 또 가짜 무덤이 72개이건, 720개이건 천 년쯤 파면 동나게 되어 있으니 어차피 진짜가 밝혀질 터. 한때 그 부근에 조조의 허묘라 불리던 무덤들도 있었는데, 연구를 해 보니 위진 시대 귀족들의 무덤군으로 밝혀진 일도 있다.

물론 무덤의 위치에 대한 실마리가 있기는 했다. 그런데 이것이 애매모호하다. 위나라의 역사를 기록한 역사서 《삼국지》는 조조가 고릉高陵에 매장되었다고 밝히고 있다. 그런데 고릉을 글자 뜻대로 풀이하자면 '높은 언덕'이란 뜻이다. 실제로 섬서성에는 그런 지명이 있으니, 고유명사로 고릉이라는 지역을 가리키는 것일 수도 있다. 아니면 조조의 무덤을 특별히 고릉이라고 불렀을 가능성도 있다. 나중에 문선황후 변씨도 '고릉에 합장했다'라고 했으니 정말 무덤 이름이 고릉이었던 것도 같다.

한편 조조는 다른 명령에서 서문표의 사원 서쪽 언덕에 자기 무덤을 만들라고 했는데, 이것이 또 수수께끼다.

서문표는 조조가 살던 시대로부터 까마득하게 먼 옛날인 춘추전국 시대 때 업성의 관리였다. 당시 서문표가 다스리던 땅에는 커다란 강이 흐르고 있었다. 그런데 한 무리의 무당이 강의 신에게 처녀를 제물로 바쳐야 한다며 이리저리 백성들을 괴롭히고 있었다. 생목숨이 강에 던져지는 것도 안타까운데, 자식을 잃고 싶지 않은 백성들은 무당들에게 있는 것 없는 것 다 털어 뇌물로 바치고 있었던 것이다. 그러자 서문표는 슬쩍 제사에 난입했다.

"이번 제물은 영 못마땅하니 미리 가서 수신님에게 말 좀 잘 해주십시오."

그렇게 말하고는 무당들을 굴비 두름처럼 엮어 모조리 깊은 물속에 던져 넣었다. 당연히 강의 신은 재앙 따윈 부리지 않았고 백성은 편안해졌다.

케케묵은 옛 미신 따윈 발끝의 때만큼도 생각하지 않는다는 점에서 서문표는 조조와 통하는 사람이었다. 특히나 그 뻔뻔하고도 화통한 성격이. 덕분에 서문표는 인기가 많았고, 그를 기리는 사당역시 여기저기 세워졌다. 그래서 조조가 말한 서문표 사원이란 '어떤 곳'을 지칭한 것이겠지만, 지금 사람들이 듣기에는 '아무데나'라는 말과 다를 바 없다.

하지만 조조의 무덤이 이렇게 빨리 잊힌 진짜 이유는 못난 자식과 후손 때문이 아닐까 싶다.

조조의 아들이자 후계자는 위나라 문제인 조비인데, 그 이름을 아는 사람이라면 대다수는 혀를 끌끌 차며 고개를 절레절레 저을 것이다. 속이 좁고 치사하기로는 국가대표급이며, 특히 친척과 동생들에게 참으로 무자비했다. 능력이 없었던 것은 아니지만 그걸 덮고도 남을 만큼의 미운털이 가득 박힌 인물이었다. 그래서 위나라를 좋아하는 많은 사람들은 조조의 다른 자식들, 특히 장수와 싸우다 아버지를 지키고 죽은 조앙, 일찍 죽어 버린 조충, 하다못해 일곱 발자국 만에 지은 시로 유명한 동생 조식이 차라리 후계자로 낫지 않았을까 말을 할 정도이다.

그런데 그나마 조비는 나은 편이었고, 다음의 자손들은 선조의 발뒤꿈치도 쫓아가지 못할 정도로 비루하고 나약했다. 이로써 위나라는 고작 46년 만에 멸망해 진나라로 이어졌다. 만약 위나라가 조금이라도 더 오래갔더라면 시조의 무덤인 조조의 고릉은 잘 관리되어 주변에 널리 알려졌을 것이다. 그러나 진나라가 들어선 뒤에는 옛 나라 위의 시조묘 따위 아무래도 상관없었을 것이고, 이후 버려지고 잊혔으리라.

2009년 11월 27일, 하남성 문물고고연구소는 세상을 놀라게 한 뉴스를 발표했다. 중국 하남성 안양시 안양현 안풍향의 서고혈촌에서 무덤이 발굴되었다. 도굴꾼들이 무덤을 파헤쳐서 발견한 유물들을 몰래 팔다가 붙잡혔고 덕분에 무덤의 소재가 밝혀졌는데, 이후로도 도굴이 계속되자 결국 발굴하기로 결정한 것이다. 이 내용과 함께 하남성 문물고고연구소는 전 세계의 고고학자 및 역사학자들, 특히 《삼국지》의 열렬한 팬들에게 크나큰 충격이 된 소식을 알렸으니, 이 무덤이 그동안 잊혔던 조조의 무덤이라는 것이다!

발견된 무덤, 서고혈 2호묘西高穴2号墓는 꽤 거대한 규모의 무덤으로 깊이 15미터, 길이 40미터에 달했다. 전체 구조는 피라미드를 거꾸로 세운 것처럼 위에서 아래로 내려가면서 차츰 좁아지는 깔때기 모양이었으며, 묘도, 묘실, 묘문, 전실과 후실을 비롯해 방 4개가 만들어진 다묘실전실대묘多墓室前室大墓였다. 즉 일반 백성이 아니라 높은 귀족, 그중에서도 왕후 정도는 되어야 가질 수 있는 규모의 무덤이었다.

그리고 무덤 전실에서 한 남자의 두개골이 발견되었는데, 조사해 보니 나이는 60여 세 즈음으로 밝혀졌다. 또한 두 여인의 시신이 같이 발견되었는데, 한 명은 50대였고 다른 한 명은 20대였다. 부장품들은 무기를 비롯하여 주로 남자의 물건이 많았기에 무덤의

주인은 60대 남자일 것이라는 추측이 나왔다.

　그러면 무덤의 주인이 누구인지는 어떻게 알아냈을까. 이걸 확실히 알 수 있게 하는 것이 묘비墓碑나 묘지墓誌이다. 이 무덤이 누구의 무덤이라고 적어 놓은 문서로, 무덤 밖에 있으면 묘비이고, 안에 있으면 묘지이다. 우리나라 무령왕릉에서도 그런 묘지가 나온 덕에 수천 년 만에 발굴된 무덤의 주인이 누구인지 알 수 있었다. 하지만 서고혈 2호묘에서는 묘지가 발견되지 않았다. 대신 다른 물건이 있었다.

魏武王常所用

위무왕상소용

　이 말의 뜻을 풀이하자면 '위무왕이 평소에 쓰던'이라는 뜻이다. 이 무덤에서 발견된 부장품은 무려 400여 개에 달했다. 그렇다면 굉장히 호화로운 무덤인가 싶겠지만, 그건 또 아니었다. 돌을 깎아 만든 벽은 물론, 돌비석과 돌베개, 벽화, 철갑옷, 철검, 철도, 밥그릇과 반찬그릇, 국자, 물그릇, 나무그릇, 솥과 술잔 같은 것들은 물론, 부서지고 남은 파편들의 숫자까지 모두 부장품으로 따진 것이기 때문이다. 물론 진주와 옥구슬 같은 보석과 귀중품도 조금 있었다.

　그러나 가장 사람들의 호기심을 끄는 것은 역시나 위무왕이라는

이름이었다. 앞서 말한 대로 서고혈 2호묘 안에서 묘지는 발견되지 않았지만, 대신 비석 60여 점이 발견되었다. 이 비석들은 주로 같이 매장된 부장품의 목록을 적는 용도로 쓰였다. 그중 길쭉하고도 넙적한 규형석비圭形石碑에는 이런 글씨가 새겨져 있었다.

魏武王常所用挌虎大戟

위무왕상소용격호대극

魏武王常所用挌虎大刀

위무왕상소용격호대도

魏武王常所用長犀盾

위무왕상소용장서순

풀이하자면 위무왕이 평소에 쓰던 대극, 칼, 방패란 소리이며, 이 중 대극은 도굴꾼이 팔려다가 걸린 것이기도 했다. 그 외에 둥그스름하게 깎아 만든 돌베개에도 '위무왕이 평소 쓰던 베개'라는 글귀가 새겨져 있으니, 이렇게 위무왕의 이름이 적힌 것이 총 7개에 이른다. 그러므로 이 무덤의 주인공이 위무왕 본인이거나 최소한 그와 아주 밀접한 관계가 있던 사람이라고 추측할 법도 하다. 이제 문제는 위무왕이 누구인가 하는 것인데, 이 사람이 바로 조조라고 한다.

앞서 말했듯 조조는 살아서 황제가 되진 않았지만, 후한 헌제로부터 위왕魏王이라는 왕의 칭호를 받았다. 그리고 죽은 뒤에 무왕武王이라는 시호도 받았다. 둘을 합치면 위무왕이니 무덤에 위무왕이라고 쓸 법도 하다.

물론 이것만이 증거는 아니었다. 무덤이 만들어진 양식도 후한 시대의 것이었고, 규모도 왕의 것이라 할 만하여 조조의 신분에 맞았다. 또한 묘비에 새겨진 글자 역시 후한부터 위진 시대에 쓰던 모양이고, 피장자의 나이가 60대 남성이란 사실도 골고루 고려한 바가 컸다.

이렇게 수천 년 동안 수수께끼에 빠져 있던 조조의 무덤이 드디어 밝혀졌다는 사실에 중국 및 고고학계는 축제 분위기가 되었다. 2010년 1월 29일, 중국 국가문물국은 서고혈 2호묘가 조조의 무덤이라고 공식적으로 선언했으며, 4월에는 중국 사회과학원과 중국 진한사연구회, 위진남북조사학회에서도 이를 인정했다. 축하할 만한 일이다. 이게 만약 정말이라면. 그러나 아직까지 풀리지 않은 여러 가지 의문점을 정리해 본다면 다음과 같다.

1. 무덤이 너무 크고 화려하다

가장 먼저 나온 의문은 이것이다. 조조는 분명히 소박하게 장례를 치르라고 명령했는데, 발견된 무덤은 규모가 굉장히 크고 부장

품에 (조금이지만) 보석까지 나왔다. 얼핏 듣기에는 말이 되는 것 같지만, 조조가 내린 명령을 후세 사람, 특히 아들이 잘 따랐는가는 문제가 된다. 아무리 소박하게 매장하라 해도 그럴 수는 없다며 요란하게 능묘를 조성했을 수 있기 때문이다.

조비가 과연 아버지 말을 따를 만큼 효자였을까? 그는 조조가 죽은 뒤 22일 만에 장례를 마쳤으며(몇 달씩 장례를 치르던 당시 기준으로는 파격적으로 짧은 것이다), 게다가 아버지 상중에도 고향으로 가서 축제를 벌이고 질펀하게 놀기까지 했다. 또 제사를 지낼 때도 묘에 직접 찾아가기는커녕 낙양에서 대충 백성의 수준에 맞춰 치렀다. 이쯤 되면 그는 아버지가 검소하라고 말한 유언을 충실히 따른 게 아니라, 귀찮아서 대충대충 하고 있었던 것은 아닐까. 이런 불효자식의 행태를 보건대 아버지의 무덤을 왕의 격식에 맞춰 번듯하게 만들었을 것 같지는 않다.

2. 같이 묻힌 여자들은 누구인가

조조는 영웅호색이라는 말 그대로 여러 유부녀를 섭렵하고 수많은 비빈을 두었다. 하지만 죽어서 그와 함께 묻히는 행운을 누린 것은 문선황후 변씨였다. 변씨는 본디 조조의 첩이었다가 정부인의 자리를 차지했고, 후계자 조비를 낳았다. 그녀는 조조가 죽기 1년 전에 왕후가 되었고, 아들 조비가 위나라를 세우자 황태후가 되었

으며, 아들보다도 더 오래 살았다. 손자 조예가 즉위하자 태황태후가 된 그녀는 남편이 죽고 나서 11년 뒤인 231년 5월에 세상을 떠나 이후 조조의 무덤인 고릉에 합장되었다.

변씨가 세상을 떠났을 때의 나이는 70세 즈음이다. 그런데 무덤에 같이 묻힌 여성들은 50대, 20대이니 나이가 맞지 않는다. 더군다나 무덤 안에서 인새나 장신구 등 황후의 물건이 전혀 발견이 되지 않았다. 그러면 같이 묻힌 두 여자는 대체 누굴까?

여전히 진실은 알 수 없다. 어차피 이 무덤은 이미 도굴꾼들의 흙발자국이 여러 번 지난 이후에 발굴되었으니 원래는 어떤 상태였는지 알 수가 없다. 그러나 있어야 할 문선황후 변씨가 없는 것은 확실히 이상하다.

3. 위무왕이 누구인가

이 무덤이 조조의 것이라는 가장 큰 증거는 역시 위무왕이라는 문구인데, 이 명칭이 정말인지 의심하는 사람도 있다. 조조는 말년에 위왕이라는 칭호를 받았고, 죽고 난 다음에 무왕이라는 시호를 받았다. 즉 조조는 살아서는 위왕이고 죽어서는 무왕이었다. 하지만 이 칭호들을 합치는 일은 이상하다는 것이다. 그러니 조조가 죽은 직후에는 무왕이라고 적어야 하고, 위나라가 세워진 뒤 개장을 했다면 태조 무제라고 적혀야 마땅하다는 것이다.

그래도 후대 역사서인 《진서^{晋書}》나 《송서^{宋書}》에는 조조를 위무왕이라 지칭하는 대목이 나오니, 조조가 위무왕이라고 불린 것은 사실이나 석연치 않은 구석이 남아 있는 것은 여전하다.

4. 다른 신하들은 어디 갔을까

앞서 조조는 장수와 신하들을 자기 무덤 주변에 묻으라는 명령을 내렸다. 역대 황제들은 아끼던 신하들을 자신의 능묘 근처에 묻게 했으니 이를 배묘^{陪墓}라고 했다. 하지만 이 무덤은 2호묘라는 이름 그대로 근처에 1호묘가 있을 뿐, 다른 무덤이 없다. 어째서일까? 살아서 조조에게 부림당한 신하들이 곁에 묻히는 걸 거부한 것일까, 혹은 조조의 묘가 아닌 까닭일까. 또는 아들 조비가 유언을 제대로 따르지 않고 대충 지은 것일까? 이 수수께끼에 조금이라도 답을 얻으려면 1호묘가 발굴되어야 할 텐데, 그 무덤에 대해서는 아직까지 아무것도 알려지지 않았다.

5. 아무래도 못 믿겠다

이런 불신의 가장 큰 이유는 어쩌면 중국 그 자체에 있다. 중국은 땅덩이가 드넓고 역사 또한 엄청나게 길기 때문에, 아직까지도 전 지역의 조사 및 발굴이 어려울 정도이다. 그러다 보니 여전히 도굴이 많고, 도굴된 물품에서 중요한 발견이 이루어기도 한다. 예

를 들어 어디선가 도굴되었다가 암시장에 팔렸고, 이를 상해박물관에서 입수하여 보관 중인 〈상해박물관장전국초죽서〉라는 긴 이름의 귀중한 문서가 대표적인 예이다.

그런데 유물을 파는 게 돈 되는 일이다 보니 목숨을 걸고 도굴이 벌어지는 한편, 아주 그럴싸한 가짜 유물도 만들어지고 있다고 한다. 즉 이 모든 게 조작된 가짜일 가능성도 있는 것이다.

일본만 하더라도 가짜 구석기 유물을 파묻어 조작했다가 진실이 밝혀진 일이 있었으니, 중국이라고 그런 일이 벌어지지 않는다는 보장이 없다. 게다가 암시장의 숙련된 솜씨가 만들어 낸 가짜 골동품은 때로 전문가까지 판별하기 어렵다는 말이 나오고 있는 판국이다. 만약 이 '위무왕상소용'이라는 글귀가 누군가에 의해 조작된 것이라면?

무엇보다 무덤의 발굴부터 조조의 무덤이라는 공표에 이르기까지 시간이 너무 짧았던 것 역시 의문이 커지는 데 일조하고 있다. 확실한 증거도 없으면서 조조의 무덤이라고 조작한 게 아니냐는 말이다. 사기꾼이나 장사치도 아닌 학자와 나라가 그럴 필요가 있겠냐고 반박할 수 있지만, 놀랍게도 이유는 있다. 바로 그 조조의 묘이기 때문이다.

《삼국지연의》의 등장인물, 난세의 간웅, 끊임없이 악역으로 그려지기도 했으며, 그 독특한 매력에 빠진 이들에게 영웅으로 칭송받

는 사람. 그의 무덤이 있다면 당연히 한 번쯤 보겠다는 관광객들은 늘어나고, 그들이 먹고 자고 쇼핑하며 뿌리는 돈은 지역 사회에 보탬이 된다. 이를테면 유비의 무덤인 소열제릉은 성도에 있지만, 사천의 팽산과 봉절에서 각자 자신들의 지역에 있는 유비의 묘야말로 진짜라고 서로 다투는 판국이다. 그러니 조조의 무덤이라면! 아무것도 없는 돌벽에 조조라는 이름 두 글자를 새겨 조작한다 해도 이상하지 않을 것이다. 단번에 이 일대의 사람들은 지손까지도 잘 먹고 잘살게 될 테니까. 하여간 이렇기에 많은 사람들이 불신의 눈초리로 보고 있다.

이런 잡음 때문인지 중국 사회과학원과 복단대학은 이 무덤에 묻힌 사람의 정체를 밝혀내겠다는 명분으로 재미있는 연구에 돌입했다. 무덤에서 발견된 유골에서 DNA를 추출하여 지금 남아 있는 조조의 후손과 대조해 보겠다는 것이다. 어찌 보면 참신한 생각이지만, 동시에 얼마나 분명한 근거가 없으면 이런 방법을 생각했을까 싶기도 하다. 하지만 귀에 품종표가 달린 것도 아닌데 어떻게 그 사람이 진짜 조조의 후손인지 입증할 수 있단 말인가. 게다가 조조는 원래 하후씨였다가 아버지가 환관 조등의 양자로 들어가는 바람에 조씨가 되었던 경력이 있다. 각 학회들이 포럼을 벌여 이 무덤이 '진짜'라는 발표를 하고 있지만, 아직 믿는 사람보다는

그렇지 않은 사람이 더 많은 듯하다.

　답은 누가 알겠는가? 이제 살은 모두 썩어 무너지고 뼈도 없어져 오로지 머리뼈 한 짝만 남은 무덤 주인에게 물어봐야 대답은 돌아오지 않을 터이다. 무덤 어딘가에 조조라는 이름 두 글자만 또박또박 박아 두었으면 이런 일은 없었을 텐데. 더구나 '조'라는 성씨 하나만 있었어도 이런 난리는 벌어지지 않았을 것이다. 그저 남 골리기 좋아했던 난세의 간웅이 현세의 사람들을 골탕 먹이려고 또 하나의 장난을 친 건가 하는 생각까지 든다.

　소설 《삼국지연의》에서는 조조의 일생을 〈업중가鄴中歌〉라는 노래로 정리했는데, 그중 가장 마지막 구절이 바로 이렇다.

　　서생들은 무덤 속 사람을 함부로 의논하지만
　　무덤 속 사람은 이런 서생을 비웃을 것이네
　　書生輕議塚中人
　　塚中笑爾書生氣

　지금 조조의 무덤을 두고 논하는 일이 바로 그렇지 않은가. 이게 맞느니 저게 맞느니 목소리 높여 싸우고 있는 와중에도, 무덤 속의

조조는 그들을 바라보며 손뼉을 치며 깔깔 웃고 있을 것 같다. 씁쓸한 기분이 들면서도 한편으론 웃음이 나온다. 인간은 참으로 변함이 없는 것 같다.

中國奇談

요사스러운 화장이
나라를 좀먹다

후한 손수가 유행시킨 망국의 전조

역사는 때로 생각지도 못한 구석에서 맨얼굴을 내밀곤 하니,
여인의 화장으로
나라의 운명을 읽을 수도 있는 것이다.

옛날 중국 사람들은 하늘에 뜨는 별, 구름, 바람 등 무엇 하나 허투로 보지 않았다. 세상천지는 오행으로 이루어져 있고, 이는 서로 화합하기도 하고 대립하기도 하며 하나로 연결되어 있으니, 인간 세상에 좋거나 나쁜 일이 있을 것 같으면 반드시 그 징험이 하늘과 땅에 먼저 나타난다고 믿었다. 그래서 각 시대의 역사서에는 천문지가 함께 있어, 그 시대에 하늘의 태양과 별과 구름에서 기이한 현상이 나타난 것을 기록했다.

이 모든 현상에는 하나하나 그 나름의 의미가 있었다. 붉은 별 형혹熒惑 화성은 변란을 뜻하고, 태백성太白星 금성이 낮에 보이면 위아래가 뒤집히는 하극상이 일어날 것을 예고했으며, 혜성은 앞으로 세상이 어지러워질 것을 뜻했다. 하늘뿐 아니라 홍수, 가뭄, 지진과

같은 자연재해, 갑작스러운 화재 등의 현상들도 인간 세상 어딘가가 잘못되었기 때문에 나타난 것이라 믿었다. 또한 큰 바람이 나서 나무가 넘어진다거나, 갑자기 불어난 곤충 역시 이런 징조였다. 심지어 놀란 말이 궁전으로 뛰어 들어온 일까지 그리 여겨졌으니, 이 모든 행적들은 《오행지五行志》에 수록되었다.

그런데 이런 징조들은 꼭 자연에서만 나타나지 않았다. 때로는 인간도 자연만큼 기괴한 일을 벌이곤 했다. 전한 다음으로 들어선 왕망의 신나라가 순식간에 멸망하자 천하는 온통 혼란스러웠다. 그러다 한나라의 뒤를 잇겠다며 '다시 시작한다'라는 뜻에서 이름을 붙인 갱시제更始帝가 즉위했다. 그때 낙양에서 기묘한 유행이 번졌다. 수십 명의 남자들이 여인이 입는 수놓은 고운 옷을 입고, 머리 타래도 늘어뜨리고 다녔으니, 곧 남자들의 여장이 유행한 것이다. 왜 이런 일이 생겼는지, 어쩌다 시작되었는지는 아무도 알지 못했다. 《오행지》는 뒤이어 '지혜로운 사람들은 이를 보고 멀리 시골로 달아났다'라고 적고 있다. 조화롭지 않은 기이한 현상이 사람들의 복식에 나타난 것을 보고 곧 변란이 일어날 징조임을 깨달았다는 것이다. 그리고 그 말대로 적미赤眉의 난이 일어나 갱시제는 살해당했다. 하여 이것을 '복요服妖'라 하였으니, 말 그대로 '요기가 서린 옷차림'이란 말이다.

또 한 번의 복요가 나타난 것은 후한 8대 황제인 순제順帝 때였으며, 이는 11대 황제인 환제桓帝 때까지 이어졌다.

후한의 역사는 처음 광무제가 즉위해서 반짝하던 시기를 제외하고는 내내 혼탁하고 어지러웠다. 황제들은 약속이나 한 것처럼 줄줄이 요절했고, 오래 살았으면 무능했으며, 외척 아니면 환관이 권력을 차지하고 나라를 쥐락펴락하며, 숙청과 몰살이 판을 쳤다.

그중 양기梁冀는 외척이었다. 건국 공신의 명문 출신으로,《후한서》에 따르면 얼굴은 승냥이처럼 생겼다 하니 그리 잘생긴 인물은 아니었던 것 같다. 그는 공부는 싫어하되 놀기 좋아했으며, 바둑圍棋, 폴로擊毬, 축구蹴鞠를 아주 잘했다고 한다.

그런데 그의 누이동생이 순제의 황후가 되자 양기는 대장군이 되어 막강한 권력을 손에 쥐게 되었다. 순제가 세상이 떠난 뒤 양기는 자신의 여동생들을 차례차례 다음 황제에게 시집보냈고, 말을 잘 안 듣는 황제는 암살해서 갈아치웠다. 여기까지는 어디서 많이 들어 본 것 같은, 꽤나 평범한 악당 외척이었다. 하지만 그의 아내 손수孫壽는 평범하지 않았다. 당대 모든 복요가 그녀에게서 기인한 것이다.

양기의 아내 손수는 무척 아름다웠다고 한다. 하지만 아름다운

장미에 가시가 있다면 손수에게는 드릴이 있다고 해도 지나친 말이 아니었다. 나라에서 제일가는 권력자의 아내임을 이용해 자기 이름으로 땅도 받아내고, 장공주^{황제의 첫째 딸에게 주어지는 작위}와 같은 급의 인수^{印綬, 일종의 도장}를 차고, 양성군^{襄城君}이라는 칭호까지 받았으니 말이다. 게다가 남편과 바람을 피운 여자를 잡아다가 신나게 두들겨 패고 머리를 싹둑싹둑 자른 뒤 얼굴에 칼집을 내놓은 것은 물론, 마침내 죽여 버리고 여자의 집안까지 몰살시켰다는 일화도 있다. 이로써 더욱 확실하게 그녀의 성미를 짐작할 수 있다.

그리하여 황제를 독살하며 제 입맛대로 나라를 주물렀던 당대의 권신인 양기까지도 아내에게 설설 기고 제발 용서해 달라고 싹싹 빌 정도였다고 한다. 그것도 무려 부인에게 직접 빌 용기가 안 났는지 손수의 어머니, 곧 장모님에게 달려가 빌었다고 한다.

그럼에도 두 사람은 참으로 죽이 잘 맞는, 하늘이 내려 준 연분이었다. 이들은 한집에 같이 사는 대신 네 집 내 집을 따로 짓는데 경쟁하며 돈을 퍼부었다. 어느 때는 두 사람이 화려하게 장식한 수레 두 대를 나란히 몰고 나가 길 한가운데에서 놀기도 했다. 그 외에도 양씨와 손씨의 일가친척에게 벼슬을 뿌리고, 으리으리한 집과 정원을 지어 온갖 금은보화로 장식하고, 호사스러운 잔치를 벌였다. 그러나 이 정도는 웬만큼 썩어 빠진 세도가들이 대부분 하는 일이기도 했다.

그래서 만족할 수 없었던 것일까, 손수는 아무도 할 수 없는 경지를 개척해 냈다. 바로 새로운 화장법을 창조한 것이다. 《후한서》가 보장하는 미인이었던 손수는 좋은 밑바탕을 기반 삼아 머리부터 발끝까지 그녀만의 패션을 창출해 냈다. 화장법, 머리 모양, 걸음걸이, 표정에 이르기까지 모든 면에서, 모든 것을 세심하게 말이다.

수미愁眉 눈썹 화장법. 풀이하면 '근심에 찬 눈썹'이라는 뜻이며, 눈썹을 아주 가늘게 비틀어 그리는 화장법이었다. 잘하면 우수에 찬 분위기를 연출할 수 있겠고, 못하면 우거지상이었을 것이다.

제장啼粧 '우는 화장'이라는 뜻 그대로, 눈 밑에 분을 발라 마치 울었던 것같이 단장하는 것이었다.

타마계墮馬髻 머리를 한쪽만 묶고 나머진 풀어헤친 것으로, 나름 언밸런스한 모양새를 연출한 것이다. 그러나 '말에서 떨어진 머리 모양'이라는 뜻풀이를 본다면, 사고를 겪어 산발이 된 꼴이 자연스레 떠오른다.

절요보折腰步 다리가 없는 것처럼 걷는 걸음. '허리가 꺾여 있는 걸음'이라고 풀이할 수 있다. 허리가 꺾인 사람이 어떻게 걷는단 말

인가. 정상적인 척추와 다리를 가진 사람에게는 힘들지 않을까.

우치소齲齒笑 글자 그대로 벌레 먹은 이 때문에 아파서 찡그린 것처럼 웃는 것이다. 치과에서 겪는 고통을 생각해 보면 별로 멋진 표정이 나왔을 것 같지는 않다.

이렇게 정리해 보면 아름답게 꾸몄다기보다는 어딘가가 아픈 환자처럼 보일 것 같다. 과연 누가 그녀의 화장술로 아름다워질 수 있었을까? 과연 누가 매일같이 근심걱정에 울며 허리가 꺾이고 충치로 고통스러워하는 여성을 아름답다고 생각할까? 오나라를 멸망시킨 미인 서시는 가슴이 아파 찡그리는 얼굴조차 예뻤다고 하지만, 그건 경국지색 서시니까 가능한 일이다.

당대 사람들이 손수의 기괴한 옷차림을 진심으로 좋아했는지 알 수 없다. 하지만 그 시대 최고 권력자의 아내가 내세우는 패션을 보고 그 앞에서 "이거 이상하다."라고 말할 수 있는 배짱을 가진 사람은 없었으리라. 그리하여 손수가 새로운 패션을 선보인 이래 낙양 사람들이 하나둘씩 차츰 따라하더니 여름이 되자 모두 흉내 내게 되었다. 눈썹을 찡그리고 아픈 웃음을 지으며 절뚝거리고 걷는 산발의 여인들이 도성에 가득 찼다는 말이다. 과연 새로운 패션 트렌드의 등장이었을까, 아니면 좀비 떼가 돌아다니는 광경이었을까.

물론 세상의 모든 화장이 죄다 얼굴은 희게, 입술은 붉게 칠하는 것이라면 그것도 참 천편일률적이고 심심한 일이다. 손수는 꽹장히 개성이 강렬한 여자였기에, 자신만의 세계를 구축해 낸 것인지도 모르겠다. 하지만 그녀의 모든 부와 명예와 권력, 여유는 모두 누군가를 희생시키고 그 피를 빨아 만들어 낸 것이었다. 양기와 손수가 지배하던 시대를 두고 이런 말까지 있었다.

> 병사와 말들은 포로로 붙잡혔고, 부인들은 슬픔에 차 있으며 눈썹에는 울음이 가득하고, 병졸들은 웅크리고 있어 허리가 구부러진다. 머리 상투는 삐딱해져 있으며, 억지로 웃으라고 해도 돌아올 기미가 없다.

아름답게 꾸미는 것에 무슨 잘못이 있겠는가. 또 그걸 창안해 냈다는 것에 무슨 죄가 있겠는가. 하지만 손수가 그녀의 남편과 함께 저지른 해악은 너무나도 많았다. 제 욕심을 위해 다른 사람들을 괴롭히고, 가진 것을 빼앗고, 눈물을 흘리게 했다.

손수의 패션을 그저 개성의 표현이나 예술로만 볼 수 없는 이유가 여기에 있다. 그 시대는 병들어 있었고, 그렇기에 사람들은 그녀의 화장에 요기가 서려 있다고 생각했다. 그래서 먼 훗날 작가 루쉰은 손수의 화장을 두고 '망국의 전조'라고 쏘아붙이기까지 했다.

나라가 화장 하나만으로 망가질 리 없지만, 탐관오리들에게 쥐어
짜인 백성들은 화장도 분장도 필요 없이 만신창이가 되어 울고 있
었을 터. 국가 지도층인 사람이 그들의 고통에는 관심도 돌리지 않
고 패션이랍시고 눈물 자국을 만들고 절뚝거리며 걷고 있었으니,
그것이 어찌 제대로 된 세상이겠는가.

이 부부가 후한의 패션계를 쥐고 흔드는 동안 나라 꼴은 아주 추
악했다. 순제의 비로 들어간 양기의 여동생인 양 황후는 아이를 낳
지 못했고, 순제가 승하하자 귀인 우씨가 낳은 아들이 겨우 2살의
나이에 충제沖帝로 즉위했다. 그렇지만 양기가 천하를 쥐락펴락하는
것은 변하지 않았다. 충제가 즉위한 지 고작 200일 만에 세상을 떠
나자 양기는 이번에는 남은 황족 중에서 8살짜리를 질제質帝로 세웠
다. 질제는 어린 나이였지만 나라를 마구 쥐고 흔드는 양기를 좋지
않게 생각했다. 하지만 아직 권모술수를 모르는 터라 이 생각을 바
로 양기 코앞에서 말하는 우를 범했다. 당연히 양기는 어린 황제에
게 위협을 느꼈고, 아예 죽여 없애기로 마음먹었다.

《후한서》〈천문지〉는 이즈음에 벌어진 기이한 천체 현상을 차곡
차곡 적었다.

질제 본초 원년 3월 계축일, 형혹이 여귀에 들어갔다.

4월 신사일, 태백이 여귀에 들어갔다.

5월 경술일, 태백이 형혹을 덮었다.

윤월 1일, 질제가 짐독으로 승하했다.

형혹과 태백이 여귀에 들어갔다는 것은 큰 상을 당한다는 것이며, 태백이 형혹을 덮었다는 것은 역모가 일어남을 의미한다. 이처럼 하늘은 나쁜 일, 역모가 일어날 것을 온 힘을 다해 외치고 있었다. 하지만 무소불위의 권력을 가진 양기를 막을 수 있는 이는 아무도 없었고, 결국 그해 윤월 1일에 질제는 독이 들어간 떡을 먹고 살해당했다.

질제가 승하하자 양기가 그다음 황제로 삼은 것은 먼 친척이었던 여오후蠡侯의 14세 난 아들이었다. 그가 바로 후한의 11대 황제 환제桓帝였다. 이 동안에도 조정은 양씨와 손씨의 사람들이 줄줄이 좋은 벼슬자리를 차지하여, 당시 정부는 이들 두 성씨로 꽉 찼다. 이들을 반대하는 사람은 줄줄이 죽어 나갔다. 사람들은 양기와 손수의 만행과 사치, 기이한 패션을 보고 혀를 차긴 하되 차마 입 밖에 내어 말하진 못했다. 하지만 하늘은 똑똑하게 징조를 보이고 있었다. 〈천문지〉는 그즈음을 이렇게 기록하고 있다.

요사스러운 화장이
나라를 좀먹다

환제 건화 원년 8월, 형혹이 여귀와 질성을 범했다.

형혹이 여귀를 범한 것은 누군가가 죽는다는 것이고, 질성을 범한 것은 신하가 도륙됨을 뜻한다고 했다. 그리고 여름에는 장맛비가 장장 50여 일간 계속 내리는 음우淫雨가 있었다. 이렇듯 하늘과 세상이 보이는 징조가 거듭되었고, 마침내 양기와 손수의 멸망이 무르익었다.

그런데 몰락의 계기라는 게 참으로 복잡했다. 과거 손수에게는 외삼촌이 있었는데, 외삼촌의 아내인 선宣에게는 결혼하기 전 이미 다른 남자와의 사이에서 얻은 딸 등맹이 있었다. 등맹은 상당히 아름다웠고, 이를 눈여겨본 양기는 그녀를 양씨 성으로 위조해 환제의 후궁으로 들여보냈다. 이제까지 계속 해왔던 대로 양씨 성의 황후 및 후궁을 들여 가문의 권력을 유지한다는 계획의 일환이었다. 그리고 후환을 없애려고 양기와 손수는 등맹의 친어머니인 선을 죽여서 입을 막으려고 했다.

하지만 하늘이 선을 도우셨는지 행운이 있었다. 양기가 보낸 자객들은 먼저 선의 옆집에 숨어들었는데, 집 주인이 그걸 발견하고 사방에 알렸다. 이로써 음모는 실패했고, 선은 황제에게 달려가 양씨의 음모를 모조리 고했다.

환제는 이 모든 사실을 알고 크게 분노했다. 속았다는 것에 인간적으로 화가 나는 것은 당연히 일이며, 또한 황제에게 있어 나라를 쥐락펴락하는 외척은 당연한 눈엣가시였다. 마침 양기의 누이였던 양 태후도 세상을 떠났기에 거칠 것도 없었다. 이에 환제는 환관들과 손을 잡고 양기의 숙청에 나섰다. 황제가 보낸 군대가 양기의 집을 겹겹이 포위했고, 빠져나갈 길이 사라진 양기와 손수는 자결했다.

순제 대부터 세 명의 황후와 6명의 귀인을 배출하며 권신으로 이름을 날렸던 양씨 집안의 마지막은 이렇게 허무했다. 평생 더 많은 권력과 더 많은 부, 아름다움을 가지고자 안달복달했던 사람들이니 만큼, 눈앞에 들이대어진 죽음에 그렇게 우아하거나 용감하진 않았을 것 같다. 그때 손수는 패션이 아니라 진심으로 눈물로 범벅이 된 얼굴에 흐트러진 머리를 하고 절뚝거리며 걸었으리라.

그들이 죽은 뒤 부부가 갖은 수를 다 써서 긁어모았던 재산들은 국고로 환수되었는데, 나라 재정의 절반에 이를 정도였다던가. 뿐만 아니라 그들의 일가친척들까지 몰살당해 시장 바닥에 내버려졌고, 관련자들은 모두 처벌받거나 쫓겨났다. 그런데 그들에게 얼마나 빌붙은 사람들이 많았던지, 이들을 제거하자 조정이 텅 빌 정도였다고 한다.

그런데 양기를 숙청하는 데 도움을 주었던 이들은 모두 환관이

었다. 이들이 양기를 제거한 뒤 남은 권력을 자기들끼리 나눈 것은 당연한 일 아니겠는가. 그리고 양기가 했던 것과 똑같은 횡포를 부리며 나라를 좀먹었다.

환제 다음으로 즉위한 것은 바로 영제였다. 십상시가 날뛰고 호걸들이 일어난, 바로 그 시대였다. 이미 외척이 벗겨 먹을 대로 벗겨 먹었던 후한이라는 나라는 이제 환관들의 손아귀에 들어갔고, 망가질 대로 망가진 나라는 마침내 정해진 운명이었던 멸망을 향해 한발 한발 나아갔다.

기원전 127년 한나라 무제 때, 곽거병 장군이 흉노와 전쟁을 벌여 크게 이긴 뒤 흉노의 언지산焉支山을 차지했다. 그런데 언지산에는 붉은 꽃이 많이 피었으니, 이 꽃이 바로 화장품인 연지의 주 재료였다. 전쟁에서 진 흉노는 이렇게 한탄했다.

우리의 언지산을 잃으니
이제 우리 여인들이 화장을 하지 못하겠구나
失我焉支山
使我婦女無顔色

별 의미 없이 쓰인 비유라고 넘어갈 일이 아니다. 언지산의 연지는 좋은 품질을 가지고 있었기에, 흉노의 왕비(알지)들이 애용해 왔다. 붉은 꽃이야 어디에서든지 구할 수 있으니 화장이야 다시 할 수 있겠지만, 한나라를 동생의 나라로 취급하고 초원을 호령했던 그때 그 흉노의 시절은 끝났다는 뜻이기도 했다. 실제로도 이후 흉노는 차츰 쇠퇴해 갔고, 반면 한나라는 중원의 지배자이자 역사의 주도자로 자리매김했다.

결국 나라가 부강하고 사회가 안정되어야 여인들 역시 마음 놓고 화장을 하여 아름다움을 뽐낼 수 있다는 것이다. 그래서 중국 최고의 판도를 자랑했던 당나라는 서역에서 받아들인 화장품과 화장술을 높이 발전시켰으며, 이는 중국뿐 아니라 신라, 일본에까지 전해졌다. 이후 수백 년간 유행하여 미인도의 그림으로 남게 되었으니, 당나라의 화장은 문화대국 당나라의 명성을 나타내는 또 하나의 상징이 되었다.

이처럼 역사는 때로 생각지도 못한 구석에서 맨얼굴을 내밀곤 하니, 여인의 화장으로 나라의 운명을 읽을 수도 있는 것이다.

中國奇談

사람고기만두

식인의 오랜 전통

수백 년이 지난 지금까지도
시대와 장소를 막론하고 사람을 잡아 요리하는 음식점의 전설은
끈질기게 이어지고 있다.

옛날 옛적, 시대는 송나라 즈음이라고 하자. 한 여행객이 있었다. 보따리 하나 짊어지고 밭과 숲, 산 사이의 외딴 길을 걸은 지 벌써 며칠. 지치고 피곤한 발길을 이끌고 얼마나 걸었을까. 깊은 숲을 뒤집어 쓴 가파르고 험한 언덕 어귀까지 왔는데 때마침 해가 저물고 있었다. 인적 없는 곳이라 꼼짝없이 노숙을 하겠다 싶었더니, 바로 가까이에 허름한 주막이 있었다. 터덜터덜 들어간 손님을 맞이한 것은 화장을 짙게 하고 속살이 다 나와 꼴사나운 차림의 여주인이었다.

여주인은 살갑게 웃으며 갓 찐 고기만두 한 접시를 내어 왔다. 지치고 굶주린 배에 무엇이 맛있지 않겠는가. 허겁지겁 집어 먹고 있는데, 입 끝에 길게 걸리는 게 있었다. 손가락으로 꺼내 보니 기

다란 사람의 머리카락이다. 이게 어쩌다 만두 속으로 들어갔을까? 그걸 본 여주인은 크게 당황하더니 연신 미안하다고 했다. 워낙 피곤하고 배고팠던 객은 따질 여력도 없어, 덤으로 나온 술과 만두를 먹어 댔다. 이렇게 배를 채웠으니 방에 들어가 쉬어야 할 참인데…….

갑자기 팔다리가 무거워지고 눈이 감겼다. 왜 이러지? 술이 너무 독했나? 하지만 목소리를 낼 수도 없었다. 점점 다가온 여주인의 얼굴에서는 미소 한 점 찾아볼 수 없었고, 그녀의 한 손에는 커다란 식칼이 들려 있었다. 뭔가 잘못되었다는 걸 깨달았지만 이미 늦었다. 손님은 손가락 하나 까닥할 수 없는 채로 자신을 향해 날아드는 칼날을 그저 바라볼 뿐.

다음 날, 또 다른 손님이 여관을 찾아들었다. 여주인은 막 새로 들어온 고기가 있다며 김이 모락모락 오르는 만두 접시를 내밀었다.

소설《수호지》의 십자파 여관은 이런 식으로 굴러갔으리라. 지상에 풀려나온 108마왕들이 호걸로 태어났으니, 급시우 송강을 시작으로 흑선풍 이규, 대종, 노지심, 무송 등 각양각색의 개성 있는 인물들이 자아내는 드라마에 손에 땀을 쥐기도 하고, 울화통을 터뜨리기도 한다.

그와는 별개로 굉장히 인상적인 장면이 있으니 바로 장청과 모야차 손이랑 부부가 꾸려 나가는 살인 여관의 사람고기만두 이야기이다. 외진 곳의 음식점, 사라지는 손님들, 정체를 알 수 없는 고기만두 요리. 그걸 먹은 손님들은 맛있게 요리가 되어 그다음 손님을 위한 밥상이 되니 참으로 절묘한 순환경제라고 해야 할까. 이 여관에 걸어 들어온 손님 중에 노지심과 무송 등 호걸들은 운 좋게 (혹은 실력으로) 무사히 제 몸 챙겨 나갔다. 하지만 그야 주연급의 특권일 테고, 대부분의 손님들은 고기만두가 되었으리라.

그런데 수백 년이 지난 지금까지도 시대와 장소를 막론하고 사람을 잡아 요리하는 음식점의 전설은 끈질기게 이어지고 있다. 언젠가 90년대에 프랑스에서 유학했던 분의 경험담을 들었는데, 그곳의 중국인에게는 불법 이민 온 친지들이 죽으면 시체를 처리하기 귀찮으니 만두로 만들어 먹는다는 소문이 있었다고 했다. 소문의 사실 여부는 나중으로 미루고, 중요한 것은 사람을 만두로 만들어 먹어 시체의 흔적을 없앤다는 클리셰가 수백 년의 시간과 수천 킬로미터의 거리를 넘어 고스란히 살아 있다는 점이다.

본디 《수호지》에 이들 인간 백정 부부의 비중은 많지 않다. 하지만 사람고기만두의 인상은 참으로 강렬해서 수많은 사람들의 기억에 또렷하게 남았다. 지금까지도 중국의 포털사이트인 바이두에는 사람고기만두의 실제 사례라는 (근거 없는) 소문 모음집이 둥실둥실

떠다니고 있으니 말이다.

　사람고기만두 이야기가 이렇게 인기 있는 까닭은 역시 사람이 사람을 먹는 일이기 때문일 것이다. 식인食人은 사람이 할 수 있는 가장 끔찍한 일 중 하나다. 살인보다 훨씬 끔찍한 일이기도 하다. 동물들도 동족과 가족의 시체를 알아보며 감히 입을 대지 않는데, 하물며 지성을 갖추고 만물의 영장이라 잘난 척하는 인간이 그런다면 오죽하겠는가. 그러나 인간의 역사를 뒤져 보면 사람이 사람을 잡아먹은 것은 의외로 굉장히 흔하게 벌어졌다.

　《사기》부터 《청사고》까지, 또 《자치통감》을 비롯하여 수많은 역사 기록들에 사람이 사람을 먹은 일은 놀랄 만큼 자주 나온다. 그럴 수밖에 없는 게 전쟁과 가뭄, 가난은 언제든지 있을 수 있는 재난이었기 때문이다. 지극히 피폐한 상황에서 여러 이유로 먹을 게 없어지고, 그렇게 굶다가 먹을 수 있는 것이면 무엇이든 먹게 된다. 개나 고양이는 물론, 쥐나 곤충, 잡초까지 뜯어 먹고, 그것마저 다 먹어 버리면 그다음에는 무엇을 먹어야 할까. 어떤 사람은 그냥 굶어 죽기보다는 나와 같은 사람의 고기를 먹어서라도 자신의 생명을 보존하는 것을 선택했다. 그래서 대부분의 식인 사건들은 잔인하고 끔찍하기보다는 애달프고 처참하다. 보통 이 지경을 두고 인상식人相食, 곧 '사람들이 서로 잡아먹었다'라는 표현을 쓴다. 굶주림이라는 고난이 사람을 얼마나 극단에 몰아넣을 수 있는지 보여 주는 역사적인 증명이다.

그런데 모든 식인이 이랬던 것만은 아니다. 앞에서 소개한 왕분처럼 복수를 하려고 철천지원수의 살을 씹어 먹는 식인도 있었다. 엄격한 법을 만들었던 진나라의 상앙이나, 명나라의 마지막 보루였던 장수 원숭환도 처형당한 뒤에 백성이 그의 살을 씹어 먹어 시체가 남아나지 않았다고 하니, 사람의 원한은 참으로 무서운 것이다. 그 외에 이민족들과 대치하던 변방의 장수들은 상대방을 겁주려고 일부러 포로들을 잡아먹기도 했다.

그래도 여기까지는 나름대로의 이유가 있었다고 해야 할 것 같다. 앞으로 이야기할 식인들은 정말 별 이유도 없이 벌어진 괴상망측한 사례들이기 때문이다.

아주 먼 고대의 상나라에서는 사람 목을 베어 제사를 지내는 일이 자주 있었고, 그런 와중 머리뼈를 삶기도 했다. 하지만 이것이 식인을 했다는 기록으로는 전하지 않는다.

이야기로 전하는 '굳이 배가 고프지 않아도 사람고기를 먹었던 사람' 중 가장 오래된 예를 꼽는다면 제나라 환공이다. 주나라가 못난 천자들을 줄줄이 배출하면서 쪼그라든 뒤, 천하를 호령한 춘추

오패 중 첫 번째, 군웅이 할거하며 제후들이 세력을 뽐내는 혼란기를 주름잡았던 환공은 군사 실력과 정치 등에서 두말할 것 없이 빼어났다. 하지만 크나큰 단점이 있었으니 바로 사치를 몹시 즐겼다는 것이다. 환공이 사람고기까지 먹게 된 이유도 사치 때문이었다.

그는 패자가 된 이후 본인의 취미생활에 몰두했으니, 궁전을 새로 짓고 호사스러운 연회를 벌이며 세상의 온갖 산해진미를 먹었다. 그 사실을 두고 뭐라 할 사람은 없었다. 그를 보좌하여 천하를 평정한 재상 관중 역시 사치라면 한가락 하는 인물이었으니 말이다. 그러던 어느 날, 제 환공은 지나가듯이 말했다.

"내가 이제까지 세상의 온갖 맛있는 걸 다 먹어 봤는데 사람고기만은 안 먹어 봤네?"

이쯤이면 그냥 던진 농담으로도 생각할 수 있다. 사람고기란 진귀해서 못 먹는 게 아니라 먹을 게 아니라서 안 먹는 것이니까.

그런데 이 말이 요리사 역아易牙의 귀에 들어가자 농담은 더 이상 농담이 아니게 되었다. 무슨 방법을 써서라도 잘 나가는 패자의 눈에 들고 싶었던 간신배는 아주 많았고, 역아가 바로 대표적인 예였던 것이다.

역아는 냉큼 집으로 달려갔고, 자신의 큰아들을 잡아, 즉 말 그대로 도축해서 요리로 만들어 환공에게 들고 갔다. 참으로 끔찍한 짓이었건만, 환공은 자길 위해 제 자식까지 삶았다며 역아를 칭찬

하고 귀여워했다. 하지만 자기 피를 나눈 자식조차 삶을 수 있는 사람이 주군이라고 버리지 못할 리 있겠는가.

세월이 흘러 환공이 나이 들고 쇠약해지자, 역아는 새로운 권력 줄을 찾아 제 환공의 자식 중 하나와 손을 잡고 반란을 일으켰다. 한때의 패자는 외딴 건물에 갇혀 굶어 죽었으며, 그의 시체를 먹은 구더기가 방 바깥으로 기어 나올 지경이 되었어도 거두는 이 없는 비참한 죽음을 맞이했다. 첫 번째의 쾌락적인 식인은 이렇게 끝났다.

그다음 주인공은 수나라 말엽에 나왔으니, 심주 출신 제갈앙과 발해 출신 고찬이었다. 이 두 사람은 동일한 식성, 즉 사람고기로 맺어진 '소울 메이트'였다. 그리하여 둘은 서로에게는 좋지만 다른 사람들에게는 대단히 안 좋은 쪽으로 즐거운 식도락 라이프를 즐겼던 것 같다.

서로의 소문을 들은 제갈앙과 고찬은 누가 더 굉장한 잔칫상을 차리느냐를 경쟁하게 되었다. 처음에 고찬이 닭, 양, 돼지로 상을 차리자, 제갈앙이 양고기만으로 상을 준비했다. 또 제갈앙이 10명을 초대하면, 고찬이 100명을 초대하며 경쟁은 점점 심해졌다. 이렇게 오순도순 가산을 탕진하던 와중, 먼저 폭주하기 시작한 것은

고찬이었다.

　고찬은 열 살 난 사람 쌍둥이를 요리해서 머리와 팔다리를 잘 썰어 쟁반에 담아 놓고 손님들을 초대해서 즐겁게 잔치를 벌였다. 이 잔치를 쌍자연^{雙子宴}이라고 했으니, '쌍둥이를 잡아먹는 잔치'라는 뜻이다. 물론 초대받은 손님들은 모두 끔찍함을 견디지 못하고 구토를 했다고 한다. 하지만 제갈앙만큼은 잔칫상의 음식을 아주 잘 먹었던 모양이다.

　이렇게 성대하게 대접을 받은 제갈앙은 답례를 하고 싶었는지, 고찬을 자기 집으로 초대해 더욱 기괴한 음식을 대접했다. 이번 메뉴는 별 이유 없이 술자리에서 웃음을 터뜨린 자신의 애첩이었다. 그는 애첩을 찜통에 집어넣어 그대로 요리를 한 뒤, 애첩의 시체 찜을 대접에 앉은 자세로 놓고, 그녀의 얼굴에는 분을 발라서 곱게 화장을 하고, 몸에는 비단옷을 입힌 채 식탁에 내어 오게 했다. 산 채로 찜이 된 사람이 대체 얼마나 고운 표정을 짓고 있었을까는 의문이지만, 구체적으로 상상하고 싶지는 않다. 이런 '잔치 음식'이 상에 올라오자, 제갈앙은 손수 애첩의 허벅지를 뜯어내 고찬에게 대접했다. 고찬이 맛있게 다리 살을 뜯는 동안, 제갈앙은 애첩의 가슴살을 뜯어 먹기 시작했다. 그렇게 둘이 고기를 다 먹은 뒤에야 잔치가 끝났다고 하니, 이쯤 되면 손님 접대를 못했다고 하녀들의 목을 벤 석숭은 '상대적으로' 성인군자로 보인다.

덧붙여 이 끔찍한 잔치가 끝난 뒤 고찬은 부끄러워하며 야밤에 달아나 버렸다고 한다. 도대체 무엇이 부끄러웠는지는 모르겠다. 잔치를 벌이면서 이기는 것이 얼마나 중요한 일이기에 애꿎은 사람 목숨을 날리며 사람고기까지 먹어 대야 한단 말인가.

제갈앙과 고찬의 이야기는 《당인설회唐人說薈》와 《이목기耳目記》라는 그다지 유명하지 않은 책에 실려 있다. 그러니 실제보다 과장이거나 거짓일 수도 있다. 하지만 서술이 무척 상세하여 더욱 끔찍하다. 오랜 역사를 통틀어서 이렇게까지 기괴하고도 제정신이 아닌 식인 이야기를 또 찾을 수 있을까.

하기야 그 시대의 황제인 수 양제는 고구려 정벌로 수많은 사람들을 강물에 처넣은 것도 모자라서, 대운하를 만든다며 강바닥에 돈과 사람 생명까지 처넣지 않았던가. 덕분에 나라 경제는 파탄이 나고 백성들은 굶주림과 가난으로 고통받다가 수없이 죽어 갔다. 황제고, 호걸이고 하나같이 제정신이 아닌 놈들이 있었으니 나라가 무너지고 사회가 무너지고 대혼란이 찾아와 결국엔 당나라가 들어서게 되었던 것이다. 하지만 이후로도 식인귀들은 계속 등장한다.

세월이 흘러 5대 10국 시대, 후한에 조사관趙思綰이라는 사람이 있

었다. 여기서 말하는 후한이라 하면, 광무제 유수가 세운 나라가 아니라 유지원劉知遠이 세웠다가 4년 만에 초고속으로 망한 나라이다.

원래 조사관은 영흥의 절도사였다. 정확히는 하중절도사河中節度使 조찬趙贊의 아장牙將, 곧 부하였는데, 운 좋게 기습에 성공해 장안을 점령하고 쿠데타를 일으켰다가 결국 망한 군벌이었다. 별 볼 일 없는 무장이면서 역사에 이름이 남게 된 것은 그의 특이한 식성 덕분이다.

조사관은 아주 별난 음식을 좋아했는데, 그것은 바로 사람의 간이었다. 특히 생간을 술안주로 즐겨 먹었다고 한다. 더구나 신선한 것을 최고로 쳤는지, 살아 있는 사람의 배를 째서 간을 파먹은 일까지 있었다고 한다. 재료(?)가 얼마나 싱싱했던지 조사관이 간을 다 먹었어도 사람이 살아 있었다고 한다. 그런데 조사관은 "나는 사람 간을 천 개나 먹었으니까 엄청나게 용감하다."라는 망언까지 했다. 구미호가 사람 간 천 개를 먹으면 사람이 될 수 있다 하지만, 사람이 사람의 간을 먹으면 짐승보다 훨씬 못한 무엇이 될 뿐이다.

그런데 조사관의 식인은 허세를 위한 것이기도 했다. 어영부영 반란을 일으켜서 장안성을 점령한 것까지는 좋았는데, 거느린 군사는 고작 수천 남짓이다 보니 눈 깜짝할 사이에 관군에게 포위되고, 군량까지 떨어졌던 것이다. 하여 본인은 사람 간을 먹고, 그 외 여자와 아이들 수백 명을 잡아 '군량'으로써 부하들에게 내렸다.

굶주림에 눈이 뒤집어져 있던 부하들은 주린 배를 끌어안고 식인에 동참했다고 한다. 마치 양을 잡듯이 여자와 아이들을 도축하여 먹었다고 하니, 그 얼마나 끔찍한 상황이었을까.

참, 25사에서는 조사관이 천 개의 간을 먹었다고 했지만, 《태평광기太平廣記》에서는 소박하지만 현실감 있는 숫자인 66개를 말했으니, 야담집이 사서보다도 과장을 덜한 몹시 희귀한 경우이다.

덧붙여 사람고기를 씹어 삼킨 군대들이 악귀처럼 잘 싸운 것은 또 아니었다. 결국 궁지에 몰린 조사관은 어떻게든 살아 보려고 순순히 항복하겠다며 여기저기 비벼댔지만, 이제까지 저지른 악행이 있다 보니 단칼에 거절당했다. 그리하여 끝내 반란이 진압되고 조사관이 처형당하던 날, 장안 시민들은 벌떼같이 몰려들어 깨진 기왓장과 돌을 그에게 던졌다. 그런데 그 기세가 얼마나 등등하던지 군사들과 관리들이 감히 막을 수 없었다고 한다.

당연하다면 당연한 노릇이다. 조사관이 처음 들어설 때만 해도 장안성에는 십여만 명이 살았지만, 그가 쫓겨난 이후에는 수만 명으로 줄어 있었다. 그가 얼마나 많은 사람을 죽였는지는 알 수 없으며, 굶어 죽거나 병들어 죽은 사람도 있을 터이다. 그러나 그 수가 얼마이든 조사관은 사람의 간을 먹었다. 그는 자신의 가족들과 함께 처형당해 저잣거리에 내버려졌지만, 그에게 잡아먹힌 사람들에 비하면 과분하게 무난한 죽음이었다.

이번에는 송나라 시대의 이야기이다. 이 글의 제일 처음에 이야기했던 소설 《수호지》는 바로 송나라 시대를 무대로 한다. 물론 별의 기운을 타고난 108호걸은 지어낸 이야기지만, 송나라는 이야기 속에서 그려지는 것처럼 굉장히 복잡하고 어지러운 나라였다.

무늬는 황제의 나라였지만, 서하와 거란 등 다른 나라에게 막대한 선물을 바쳐 가면서 자기를 형님으로 불러 달라는 궁색한 외교를 했으며, 여기에 필요한 비용은 죄다 백성을 쥐어짜서 충당했다. 그러다 보니 관리들은 옹색하고, 백성은 가난하고, 탐관오리들은 날뛰는 꿈도 희망도 없는 답도 없는 시기였다. 먹고살기 힘든 사람은 고향을 버리고 도적이 되었으며, 그들이 모여 도적 떼가 되었다. 송나라 역사를 기록한 《송사宋史》에는 송강宋江이란 도적 두목의 이름이 실려 있는데, 그 실력이 뛰어나 조정은 그를 이용해 방랍의 반란을 진압하게 하려고도 했다. 물론 여기에 나온 송강이 《수호지》의 천괴성 급시우 송강은 아니겠지만, 이렇듯 도적 혹은 호걸들이 여기저기 있었고, 그들의 무용담이 하나로 모여 《수호지》라는 소설이 되었을 터이다. 그렇다면 사람고기만두 집도 하나나 둘쯤은 있지 않았을까. 그리고 양산박이나 십자파가 아니더라도 송나라 시대에 끔찍한 식인들은 얼마든지 벌어졌다.

*금나라에게 수도가 점령당하고, 휘종과 흠종 두 황제가 사로잡혔으며, 수많은 사람들이 포로가 되어 끌려간 사건. 이 일을 계기로 북송은 사실상 망하고 수도를 옮겨 남송이 들어섰다. 그 와중 황족들까지 죽거나 다치고 기생과 노예가 되었으며, 당연히 백성의 생활은 나락으로 떨어졌다.

고종이 남송의 황제가 된 지 5년, 1133년의 일이다. 그해는 참으로 난리법석인 해였다. 정강의 변* 이래 금나라와의 전쟁은 7년째 진행 중이었고, 송나라는 (없는 살림에) 여기저기 군사를 보내느라 바빴다. 여기에 지진이 나지 않나, 도적 떼가 창궐하질 않나, 심지어 바다 건너 왜구까지 몰려왔다. 이때 어부지리로 황제 자리를 차지한 고종은 그 고생을 하고도 철이 안 들었는지 흥청망청 사치놀음에 푹 빠진 못난 사람이었다. 그나마 현명한 신하라도 있었으면 좋았겠지만, 당시 전권을 잡고 있던 진회는 중국인이라면 누구나 미워하는 악당이었다. 그래서 산동을 비롯하여 수도 및 회남 지역까지 심각한 식량난이 벌어졌다. 쌀 한 말 가격이 수만 전에 이를 정도로 치솟았으며, 마침내 도적은 물론이거니와 관병, 일반 백성까지도 사람을 잡아먹게 되었다.

이 시대의 식인은 무척 특별했다. 다른 시대의 사서에서는 '사람이 사람을 잡아먹었다人相食'라는 간단하고 참혹한 단어 하나로 설명이 끝나는데, 이 시대에는 그렇지 않았기 때문이다. 당시에는 사람고기를 시장에서 팔았는데, 등급까지 매겨서 팔아 꽤 본격적인 상품이 되었다고 한다. 소흥 토박이란 것만 알려진 장작莊綽이 쓴 《계조록雞肋編》과 원나라 말의 도종의陶宗儀가 쓴 《설부說郛》에 실린 이야기

를 종합하면 이러하다.

등주에 살던 사람 범온이 사람들을 이끌고 황제가 있는 곳으로 배를 타고 왔는데, 그 와중 식량이 떨어져서 사람들이 서로 잡아먹게 되었다. 당시 팔았던 사람고기는 다른 가축보다 더 쌌다고 한다. 소나 돼지, 양, 닭, 심지어 개고기보다도 말이다. 그래서 먹을 게 많은 체격 좋은 남자라 해도 고작 1만 5천 전밖에 받지 못할 정도였다고 한다. 사람고기에는 나름의 등급과 명칭도 있었다고 한다. 마른 남자 노인의 고기는 요파화_{饒把火}, 부인과 여자아이는 하갱양_{下羹羊}, 어린아이는 화골란_{火骨爛}이라고 했으며, 이들을 한데 묶어 양각양_{兩脚羊}이라고 불렀다. 글자 뜻대로 풀이하자면 '다리가 두 개 달린 양'이란 말이다. 이 명칭의 해석을 놓고 의견이 분분한데, 사람고기가 양고기와 맛이 비슷하기 때문에 이런 명칭이 붙은 것일까? 하여간 사람이 가축보다 못한 비참한 지경이었다.

그런데 이런 식인의 이야기를 읽다 보면 《수호지》의 이야기들이 하나둘 떠오른다. 《수호지》에서 호걸들이 활약하던 시기는 바로 휘종 시대. 휘종은 고종의 아버지로 난세에도 취미생활 및 사치에 푹 빠져 지내다가 결국 금나라에게 아들 흠종과 함께 포로로 잡혀 갔다. 이즈음의 사람들이 먹을 게 없어 굶주린 것은 사실일 것이다. 하지만 식인이 실수나 충동을 못 이겨서 벌어진 게 아니라 충분히 제정신인 상태에서도 벌어졌기에 등급이니 가격이니 하는

말이 나온 것이리라. 또한 상품, 즉 사람고기의 공급을 어떻게 확보한단 말인가? 이미 죽은 사람의 살을 베어 낼 수도 있다. 하지만 상품의 성별과 나이에 따른 등급을 나눌 정도라면 채집이 아닌 사냥의 단계로 발전했을 수도 있지 않았을까. 마치 십자파의 여관이 그랬던 것처럼. 이때는 진실로 사람이 사람을 잡아먹는 위험한 시대, 눈 감고 잠들면 곧바로 썰려서 남에게 먹힐 수도 있는 살벌한 때였다.

참으로 으스스하게 들리지만 때로는 의도적으로 사람 사냥이 벌어지기도 했는데, 그 주축이 된 것은 군대였다. 《구당서》는 당나라 희종 때 벌어진 황소의 난을 기록하고 있다.

본래 소금 밀매업자 겸 협객이었던 황소는 당나라가 쇠약해진 틈을 타서 난을 일으켰는데, 악랄하고 잔인한 본성을 십분 살려 가는 곳마다 사람들을 몰살하고 다녔다. 그러다 반란이 기세가 꺾이고 군량이 떨어지자, 그가 찾아낸 식량이 바로 사람이었다. 그가 만든 용마채春磨寨는 굳이 설명하자면 사람고기 공장이었으니, 역사서는 인근의 백성을 마구 잡아다가 뼈째로 맷돌에 쑤셔 넣고 갈아 식량으로 만들었다고 기록하고 있다.

이런 식인종 군대의 역사는 원나라로 이어지니, 혜종(원나라 혜종

은 다른 이름으로 순제라고도 하니, 우리에게는 기황후의 남편으로 잘 알려진 사람이다) 때에는 회우군淮右軍이 사람을 잡아먹었다. 가장 큰 이유는 기근으로 인한 굶주림 때문이었다. 당시 워낙 굶주림이 심했기에 기황후가 직접 나서서 도성의 난민들에게 음식을 나눠 주는 구호 활동을 벌였지만, 모든 난민을 먹여 살리기에는 역부족이었던 것 같다.

그래서 이 식인종 부대들은 마음껏 사람들을 잡아먹었으니, 아이의 고기를 가장 맛있어했고, 여자는 그다음, 남자를 가장 낮은 등급으로 쳤다. 게다가 이들은 사람을 먹는 것에 그치지 않고 갖은 요리 방법을 고안했다. 항아리 찜을 하고, 불판에 굽기도 했다. 또한 사람의 팔다리를 묶은 뒤 끓는 물을 부어 가며 대나무 빗자루로 쓸어서 가죽을 벗겨 자루에 넣은 뒤 큰 솥에 던져 넣어 탕으로 끓이기도 했다. 기록 자체는 꽤나 간략하지만, 그 짧고 간단한 글에서조차 사람을 사람으로 보지 않는 비인간성이 물씬 배어나와 몸서리쳐진다. 그리하여 사람에게 얻는 가장 맛있는 부위는 남자는 허벅지, 여자들은 유방이었다고 한다.

끔찍한 참상이 너무나 많으니 차마 말할 수 없다.

그 상황을 두고 저자는 이렇게 말하고 있다. 더욱 끔찍한 것은

회우군들은 사람고기를 일러 상육想肉이라 말했다는 것인데, 한 번 먹고 나면 자꾸자꾸 생각나는 맛이라는 것이다. 생각나면 또 먹고 싶어지는 법이니, 기근이 끝나더라도 사람고기에 맛을 들인 사람들은 식인을 계속하지 않았을까 하는 으스스한 기분까지 든다.

이 이야기가 실린《철경록轍耕錄》은 중국 역사 속 식인의 이야기를 할 때 꼭 등장하는 필독서라고 할 수 있다. 그만큼 이 책에 실린 식인 이야기가 잔인하기 때문이다. 그리고 이런 일 이후로도 식인은 가끔 벌어졌다. 가장 큰 이유는 여전히 가난과 굶주림 때문이었고, 이는 현대에 와서도 크게 달라지진 않았다.

중국에서는 1959년부터 1961년까지 3년간 대기근이 있었다. 이는 자연재해 때문이 아니라 현대 영농을 기계가 아닌 인간의 힘으로 대체하자는 모택동과 공산당 정부의 어리석음으로 만들어진 인재였고, 그 때문에 천만 명이나 굶어 죽었다. 그러니 당연히 민심이 흉흉해지고 식인의 소문이 돌았다.

그즈음 중경에는 사람들이 많이 몰리는 물만두 집이 있었는데, 그 만두는 실은 어린아이의 고기로 만든 것이라서 결국엔 고발당했다는 풍문이 있기도 했다.

무엇보다 현대에 들어 사람고기만두 전설의 방점을 찍은 것은 팔선반점 사건일 것이다. 1985년, 마카오는 당시 포르투갈령이었는데, 이곳에 팔선반점이란 음식점이 있었다.

그리고 그해 8월, 마카오 북쪽 바다에서 사람의 시체 일부가 발견되었다. 여기저기서 손, 발이 토막 난 채로 발견되었고, 한두 사람의 것도 아니었다.

그러던 와중 팔선반점의 주인이던 정림鄭林과 연락이 되지 않는다는 친척의 신고가 들어왔다. 경찰이 조사해 보니 정림과 아내 잠혜의泽惠儀, 그들 사이의 자식 5명, 장모와 친척 등 10명의 가족이 홀연히 사라져 있었다. 실종된 사람 중 가장 나이 많은 사람은 70세이고 가장 어린아이는 7세였다. 그런데도 팔선반점은 여전히 운영 중이었다. 요리사 황지긍黃志恆이 새로운 주인이 되어 있었던 것이다.

10명이나 되는 일가족이 온 데 간 데 없이 사라졌는데 요리사가 남겨진 재산 및 사업을 차지했으니, 그에게 혐의가 돌아가는 건 당연한 노릇이다. 게다가 요리사는 원래 중국 본토 사람이었지만, 살인 미수의 범죄를 저지르고 이름을 바꿔 마카오로 불법 이민을 온 처지였다. 너무나도 수상했지만 확실한 증거가 없었다. 그즈음에는 DNA 분석 등의 수사 방법이 발달하지 않았으니 사체의 신분을 밝혀내기가 어려웠던 탓이다. 토막 난 시체 조각에서 간신히 지문 하나를 발견했고, 실종자 중 한 사람의 것과 비슷하다는 이야기가 나

오긴 했지만, 이는 물증이 될 수가 없었다.

하지만 소문은 흉흉하게 돌았다. 발견된 시신들은 멀쩡한 사람의 형태가 아니었고 아주 작은 일부분이었다. 없어진 사람들은 하나나 둘이 아니라 10명이나 되었다. 그렇다면 사람들은, 정확히는 사체들은 어디로 갔을까. 게다가 팔선반점은 아주 전형적인 중국 요릿집이었고, 당연하지만 만두도 만들어 팔았다. 요릿집에서 없어진 사람들은 이미 살해당했고, 시체는 사라졌다. 이런 상황에서 《수호지》의 사람고기만두 이야기가 크나큰 영감을 주었다. 그 시체를 요리 재료로, 만두로 만들어 팔았을 것이다. 사람들은 그렇게 생각했다.

소문은 커지고, 수사에 진척이 없이 제자리에서 맴돌던 와중, 요리사가 정신착란 증세를 보였다. 그는 자기가 도박^{睹博}에 이겨서 팔선반점을 가지게 되었다느니, 정씨 일가는 이민을 갔다느니, 자기가 일가족을 모두 죽이고 주방에서 요리로 만들어 버렸다느니 횡설수설하다가 결국 감방에서 자살하고 만다. 그렇게 사건의 전모는 영원한 수수께끼로 남았다.

냉철하게 말하면 요리사의 혐의는 분명하지 않다. 요리사가 어떻게든 일가족의 실종 및 죽음에 연루된 것 같기는 하지만, 정말 그들을 다 죽였는지, 그들의 고기로 요리를 만들었는지는 입증할 길이 없다. 다만 그는 요리사였고, 식당은 계속 운영되었으며, 사체

가 하나같이 잘게 썰려 있었으니 심증만 남았을 뿐이다. 또한 요리사가 주인의 아내와 눈이 맞아 먼저 남편을 죽였다가 사이가 틀어지면서 아내와 남은 가족을 모두 죽였다는 추정도 있다. 요리사 황지궁은 자살하기 전 남긴 유서에서 자신은 억울하고 누명을 쓴 것뿐이라고 무죄를 주장했으나 진실은 죽은 자들만이 알 뿐이다.

진실이야 어쨌든 팔선반점 사건은 그만큼 (나쁜 쪽으로) 인기가 높았고, 1993년에 《팔선반점의 사람고기만두 八仙飯店之人肉叉燒包, The untold story》라는 영화로 만들어졌다. 영화 속에서 사람을 도살하여 그 고기로 만두를 만들어 손님들에게 큰 인기를 끄는 장면을 보면 《수호지》에 나왔던 사람고기만두의 머나먼 후손을 보는 기분이 든다.

끝으로 환상을 적당히 부술 필요가 있을 것 같다. 식인은 그 자체로도 끔찍한 일이지만, 그와 동시에 기이한 매력이 있다. 허락되지 않은 금기에의 호기심이다. 대체 사람고기는 무슨 맛일까? 맛있을까? 한 번 사람고기에 맛을 들이면 평생 잊지 못하고 그 맛만 찾아 헤매다가, 마침내 또 사람고기를 먹고 만다는 이야기는 앞서 소개한 《철경록》은 물론, 동서양과 고금을 막론하고 여기저기에 자주 등장한다. 그렇지만 이제까지의 사료를 보면, 사람고기는 그렇게까지 맛이 좋지 않았던 것 같다.

2천 년 동안의 역사를 훑어보면 지독한 기근이 들어 사람고기를 먹고, 시장에서 팔리는 와중에도 언제나 사람고기의 값은 개고기보다 쌌다. 당나라 소종 때의 식인 기록을 보면, 개고기가 한 근에 500전이면 사람고기는 고작 100전이었다. 원래 고기의 값은 소나 돼지, 닭이 제일 비싸고, 개의 선호도는 그다음이다. 그런 개고기보다도 싸다면, 싼 이유가 있지 않을까. 확실히 소, 돼지, 닭들은 더 맛있는 고기를 먹기 위해 품종 개량을 해 왔지만, 사람은 그렇지도 않았으니 말이다.

이런 '맛없는' 사람고기를 입증하는 예로 태평양 전쟁 때 술안주로 미군 병사를 죽여 고기를 먹은 지치지마의 식인 사건이 있다. 식량난이 있는 것도 아닌데도 재미 삼아 식인을 한 미치광이 일본 장교 모리 구니조가 인육을 맛보고 한 말은 이랬다.

"미군(남성)의 고기가 질기니 위안부의 부드러운 고기를 내어 와라."

인간 말종이나 할 법한 끔찍한 소리인데, 여기서 눈여겨볼 것은 고기가 질기다는 말이다. 분명 소나 돼지의 고기를 먹을 때도 지방질이 촘촘하게 박혀 부드러운 어린 짐승의 고기를 좋아한다. 그리고 근육으로 단련된 수십 년 묵은 고기가 맛이 있을 리 없다.

즉 사람고기란 정말 먹을 게 없어 어쩔 수 없이 먹는 맛없는 것

이지, 누구나 한 번 먹으면 잊지 못하는 환상의 맛은 아니라는 것이다. 정말 그렇게 맛있다면야 사회의 평판이나 금기가 어떻든 권력자와 부자들이 사람고기 잔치를 벌이고 시장에서도 언제 어디서나 불티나게 팔릴 테지만, 현실은 그렇지 않다.

굳이 맛이 있다면 금기의 맛이 아닐까. 미성년자가 금지된 담배를 피우고, 성인영화를 훔쳐 보며, 패싸움을 벌이는 등 하지 말라는 짓을 할 때의 쾌감 말이다. 그러니까 식인이란 정상이 아닌 사람이 정상이 아닌 상황에서나 할 수 있는 짓이다.

마지막으로 사람고기는 맛도 없을 뿐더러, 식물과 동물을 모두 먹는 최종 소비자인 만큼 몸 안에 축적된 중금속 및 유해 물질들의 농도도 가장 높은 수준이다. 맛도 없고 몸에도 나쁜 걸 먹으면서 인간이기를 포기하겠다면 그건 본인의 자유이겠지만, 정말 그러겠다면 남의 살을 먹지 말고 자신의 살을 섭취 대상으로 삼는 게 그나마 세상에게 폐를 덜 끼치는 방법이리라.